Heike Wolff

Die Energiewirtschaft ist weiblich – Warum nicht auch das Personal?

Eine branchenspezifische Studie
zu Gender Diversity

Diplomica Verlag GmbH

Wolff, Heike: Die Energiewirtschaft ist weiblich – Warum nicht auch das Personal? Eine branchenspezifische Studie zu Gender Diversity.
Hamburg, Diplomica Verlag GmbH 2013

Buch-ISBN: 978-3-8428-6925-7
PDF-eBook-ISBN: 978-3-8428-1925-2
Druck/Herstellung: Diplomica® Verlag GmbH, Hamburg, 2013

Bibliografische Information der Deutschen Nationalbibliothek:
Die Deutsche Nationalbibliothek verzeichnet diese Publikation in der Deutschen Nationalbibliografie; detaillierte bibliografische Daten sind im Internet über http://dnb.d-nb.de abrufbar.

Hermannstal 119k, 22119 Hamburg
http://www.diplomica-verlag.de, Hamburg 2013
Printed in Germany

Inhaltsverzeichnis

Abkürzungsverzeichnis

AGG	Allgemeines Gleichbehandlungsgesetz
BDEW	Bundesverband der Energie- und Wasserwirtschaft e. V., Berlin
BGleiG	Bundesgleichstellungsgesetz
BMFSFJ	Bundesministerium für Familie, Senioren, Frauen und Jugend
BNetzA	Bundesnetzagentur für Elektrizität, Gas, Telekommunikation, Post und Eisenbahnen
BT-DS	Drucksache des Deutschen Bundestages
DIW	Deutsches Institut für Wirtschaftsforschung e. V. Berlin
EDL-G	Gesetz über Energiedienstleistungen und andere Energieeffizienzmaßnahmen
EDM	Energiedatenmanagement
EG	Europäische Gemeinschaft
EnWG	Energiewirtschaftsgesetz
EStG	Einkommenssteuergesetz
EU	Europäische Union
EVU	Energieversorgungsunternehmen
GG	Grundgesetz
SächsFFG	Sächsisches Frauenförderungsgesetz
SOEP	Sozio-oekonomisches Panel des DIW Berlin
TzBfG	Teilzeit- und Befristungsgesetz

Abbildungsverzeichnis

Tabellenverzeichnis

„Damit die Welt nicht länger von Männern regiert wird, müssen beide, Männer wie Frauen, ihr Dilemma begreifen. Nur gemeinsam bilden sie das ideale Team.“

Gertrud Höhler

1 Einleitung

1.1 Problemstellung

Unternehmen sind heute aufgrund der demografischen Entwicklung mit einem Mangel an Spezialisten auf dem Arbeitsmarkt konfrontiert. Hochqualifizierte Arbeitnehmer bestimmen, bei wem sie arbeiten möchten. Der Fachkräftemangel wird immer wieder in den Medien diskutiert. In besonderem Maße stellt er eine Herausforderung für die Energiewirtschaft dar. In einer Studie aus dem Jahr 2008 gaben bereits 80 % der befragten Energieversorger an, von den Auswirkungen des Fachkräftemangels stark bis existenziell betroffen zu sein.[1] Die Energiewende zwingt die Energieversorger ihre Personalpolitik neu auszurichten, um den Anforderungen des Energiemarktes gewachsen zu sein. Der konsequente Atomausstieg Deutschlands, der verstärkte Einsatz erneuerbarer Energien und der Ausbau intelligenter Stromnetze sowie die zunehmende Bedeutung der Elektromobilität erfordern neue Strategien und eine Umgestaltung der Prozesse. Damit gehen veränderte Anforderungen an das Personalmanagement einher: Spezifische Qualifikationen sind notwendig, Prozesse müssen umgestaltet und bisher bewährte Strategien überdacht werden. Frauen stellen in diesem Zusammenhang eine wichtige Ressource für die Energieversorgungsunternehmen dar. Dies gilt umso mehr, als ihr Anteil an den Beschäftigten in der Branche signifikant unter dem deutschen Durchschnitt liegt.[2] Dieses Spannungsdreieck, in dem sich die Versorgungsunternehmen befinden, veranschaulicht Abbildung 1.

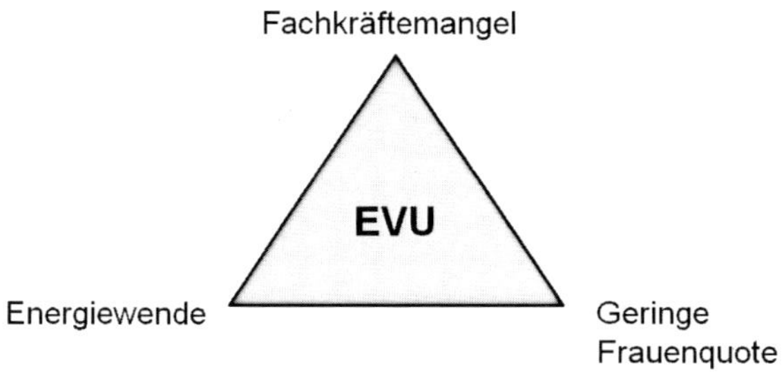

Abbildung 1: Energiewirtschaft im Spannungsdreieck
Quelle: Eigene Erstellung

---

[1] Vgl. Energy Relations GmbH (2012), S. 12.
[2] Vgl. Statistisches Bundesamt (2012a), www.destatis.de.

Laut einer McKinsey-Studie von 2007 sind Unternehmen mit einem hohen Anteil an Frauen in der Führungsetage sowohl in organisatorischer als auch in finanzieller Hinsicht erfolgreicher als vergleichbare männerdominierte Organisationen.[3] Zudem profitiert das Management von beiden Geschlechtern. Gruppendenken wird vermieden und durch die Vielfalt an Meinungen, Werten und Wissen können Fragestellungen besser diskutiert werden.[4] Im Ergebnis besitzen die Entscheidungen der Führungsriege mehr Glaubwürdigkeit gegenüber Mitarbeitern, Kunden und Investoren. Zudem ist die Hälfte der potenziellen Kunden weiblich. Frauen kaufen gern bei Unternehmen, die dafür bekannt sind, ihre Mitarbeiterinnen zu fördern.[5] Frauen sind somit ein Faktor für Stabilität der Unternehmen und deren langfristiges Überleben am Markt.

In der Energiewirtschaft ist dieser Trend bereits erkannt worden. Der 1988 gegründete Life e. V., der die strukturelle Verankerung von Geschlechtergerechtigkeit in Bildung und Beschäftigung sowie in gesellschaftlichen Entscheidungsprozessen zum Ziel hat, zeigte in seinem Projekt „Erneuerbare Energien – ein Arbeitsmarkt für Frauen!“ das Potenzial auf, das die Energiewende mit sich bringt.[6] Auch der Bundesverband der Energie- und Wasserwirtschaft e. V. (BDEW) erläutert in seiner gemeinsam mit dem BMFSFJ herausgegebenen Schrift „Vereinbarkeit von Beruf und Familie“, dass die Herausforderungen des Klimawandels und der Energiewende zu einem Umdenken in der Branche führen müssen, damit qualifizierte Beschäftigte an die Unternehmen gebunden werden.[7]

Vor diesem Hintergrund soll im Rahmen der vorliegenden Studie die Umsetzung von Gender-Diversity in Energieversorgungsunternehmen untersucht werden. Der Fokus liegt dabei auf der Frauenförderung als Instrument der Gender-Diversity. Um die Aufgabenstellung weiter einzugrenzen, wird die Frauenförderung bei der Personalbeschaffung, der Personalbindung und der Personalentwicklung betrachtet, die zu den Kernprozessen des Personalmanagements zählen. Im Ergebnis der Untersuchung sollen die Hinderungsgründe für die Beschäftigung von Frauen in der Energiewirtschaft aufgezeigt und Handlungsempfehlungen für ihre verstärkte Beschäftigung gegeben werden.

---

[3] Vgl. McKinsey (2012), www.mckinsey.de.
[4] Vgl. Europäische Kommission (2012), S. 4.
[5] Vgl. Sprachmann, K. (2005), S. 65.
[6] Vgl. Röhr, U., Ruggieri, D. (2008), o.S.
[7] Vgl. BDEW/BMFSFJ (2012), S. 5.

1.2 Aufbau des Buches

Ausgehend von der Situation der Frauenerwerbstätigkeit in Deutschland wird auf die Beschäftigungssituation von Frauen in der Energiewirtschaft eingegangen. Nach einer Darstellung des rechtlichen Bezugsrahmens für die Gleichstellung von Männern und Frauen werden die theoretischen Grundlagen von Gender und Diversity dargelegt. Anschließend wird die Frauenförderung als Instrument der Gender-Diversity vorgestellt, wobei der Fokus auf die Frauenförderung bei der Personalbeschaffung, in der Personalentwicklung und zur Personalbindung gelegt wird.

Mittels einer empirischen Untersuchung sollen Energieversorger aus dem gesamten Bundesgebiet über die in ihrem Unternehmen eingesetzten Frauenförderungsmaßnahmen befragt werden. Die Befragung wird aus zeitlichen und organisatorischen Gründen mittels eines standardisierten Fragebogens erfolgen, der über E-Mail versandt wird. Problematisch könnten sich die Rücklaufquote und die Bereitschaft erweisen, an einer solchen Befragung teilzunehmen. Darauf muss bei der Erstellung des Fragebogens Rücksicht genommen werden. Basis für die Befragung ist die Liste der Strom- und Gasanbieter von www.verivox.de, die 1.240 Anbieter umfasst.[8] Aus forschungsökonomischen Gründen wird die Befragung auf 300 Energieversorgungsunternehmen beschränkt.

Neben einer Analyse der Beschäftigungssituation von Frauen in der Energiewirtschaft wird untersucht, welche Instrumente der Frauenförderung von den Unternehmen eingesetzt werden und welche Auswirkungen sich daraus ergeben. Aus den durch das Literaturstudium gewonnenen Erkenntnissen und den aus der Auswertung der Fragebögen resultierenden Informationen werden die Hinderungsgründe für die Beschäftigung von Frauen in der Energiewirtschaft abgeleitet und Handlungsempfehlungen beschrieben, die zu einer verstärkten Beschäftigung von Frauen bei den Versorgungsunternehmen führen. Eine kritische Würdigung sowie eine Zusammenfassung der Ergebnisse runden dieses Buch ab.

---

[8] Vgl. www.verivox.de (Stand 01.12.2012).

2 Situationsanalyse der Frauenerwerbstätigkeit

Chancengleichheit für Männer und Frauen ist im deutschen Grundgesetz verankert. Doch wie sieht diese in der Realität aus? Wie gestaltet sich die Arbeitsmarktpartizipation von Frauen und Männern? Und wie gestaltet sich die Geschlechtergerechtigkeit in der Energiewirtschaft, einer eher technisch orientierten Branche? Die folgenden Abschnitte sollen eine Antwort auf diese Fragen geben.

2.1 Die Beschäftigungssituation von Frauen in Deutschland

Die Rollenbilder prägen wesentlich die Entscheidung für einen bestimmten Beruf und für die Art der Arbeitstätigkeit überhaupt. In der Bundesrepublik Deutschland herrschten seit den 1950er Jahren polarisierende Geschlechterleitbilder vor, nach denen die Frau die Rolle der Mutter innehatte, die den Haushalt betreute und für die Erziehung der Kinder verantwortlich war.[9] Der Mann fungierte als Familienernährer, in dem er durch Erwerbstätigkeit für den Lebensunterhalt sorgte. In diesem traditionellen Modell ist die Frau vom Mann wirtschaftlich abhängig. Erst in den siebziger Jahren wurde die gemeinsame Verantwortung von Männern und Frauen für die Familie postuliert, ein Konzept, das sich nur zögerlich durchsetzte.[10] Seit der Wiedervereinigung wird das Leitbild einer gleichberechtigten Integration der Frauen in das Erwerbsleben in der gesamten Bundesrepublik propagiert. Dennoch spiegelt sich die traditionelle Rollenverteilung noch heute in der Erwerbsquote von Männern und Frauen wider. So stellen Frauen 51 % der Bevölkerung in Deutschland[11], ihr Anteil an den Erwerbstätigen liegt aber bei 45 %[12] und damit unter der Erwerbsquote der Männer.

Diese Rollenverteilung wird heute angesichts der sich wandelnden Gesellschaft sowie der Emanzipation zunehmend infrage gestellt. Arbeitslosigkeit, steigende Lebenshaltungskosten, aber auch die Trennung vom Partner führen genauso wie höhere Bildungsabschlüsse der Frauen und ihr verstärktes Interesse an Erwerbstätigkeit dazu, dass immer mehr Frauen die ausschließliche Rolle der Hausfrau und Mutter ablehnen und ins Berufsleben eintreten.[13] Neben dem Konzept der weiblichen Zuverdienerin sind Paare

---

[9] Vgl. Klammer, U. u.a. (2012), S. 9.
[10] Vgl. Hardach, G. (2008), S. 85.
[11] Vgl. Statistisches Bundesamt (2006), S. 10.
[12] Vgl. Statistisches Bundesamt (2006), S. 26.
[13] Vgl. Klammer, U. u.a. (2012), S. 10.

mit gleicher Einkommensverteilung und Familien, in denen die Frau die Ernährerrolle übernimmt, vertreten.

Abbildung 2 zeigt die jeweiligen Anteile in deutschen Paarhaushalten mit und ohne Kinder für Deutschland sowie für West- und Ostdeutschland. Familienernährer beziehungsweise Familienernährerin ist dabei, wer mindestens 60 % des Familieneinkommens erwirtschaftet. Von einer egalitären Einkommenserwirtschaftung wird gesprochen, wenn die Anteile des Mannes und der Frau am gesamten Haushaltseinkommen von 50 zu 50 % bis 41 zu 49 % betragen.

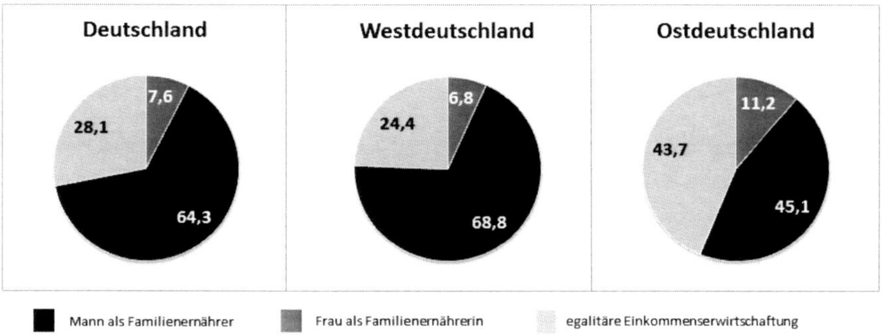

Abbildung 2: Einkommenserwirtschaftung in deutschen Paarhaushalten
Quelle: Eigene Erstellung in Anlehnung an Klammer u.a. (2012), S. 43.
Datenquelle: SOEP, Stand März 2011, Haushaltsebene, 2007

Auffallend ist bei dieser Darstellung, dass in Ostdeutschland der Anteil der Haushalte mit männlichen Familienernährern deutlich geringer ist als in Westdeutschland und nahezu dem Anteil von Paarhaushalten mit egalitärer Einkommensverteilung entspricht. Obendrein ist der Anteil von Familien, in denen die Frau den überwiegenden Teil des Einkommens erwirtschaftet, deutlich größer als in den alten Bundesländern. Ursache hierfür könnten zum einen die insgesamt niedrigeren Einkommen sein, aufgrund derer die Frauen durch einen Zuverdienst ihren Beitrag zum Familieneinkommen leisten müssen. Zum anderen war es in der ehemaligen DDR üblich, dass die Frauen selbst arbeiten gegangen sind.[14] So wurde die Pflicht zu Erwerbstätigkeit für beide Geschlechter schon 1966 als gesellschaftspolitisches Leitbild im Familiengesetzbuch verankert. Ein aus dieser Sozialisierung resultierendes Rollenverständnis könnte durchaus bis in die heutige Zeit nachwirken.

---

[14] Vgl. Hardach, G. (2008), S. 83.

Unterschiede im Rollenverständnis werden bereits bei der Berufswahl deutlich. So entscheiden sich Mädchen häufig für einkommensschwache Berufe wie Friseurin oder Verkäuferin. Jungen wählen Berufe, die über ein höheres Einkommen verfügen.[15] Einen Überblick über die zehn am stärksten besetzten Ausbildungsberufe je Geschlecht gibt Tabelle 1.

Tabelle 1: Auszubildende 2011 in den zehn am stärksten besetzten Ausbildungsberufen

	Frauen		Männer	
Rang	Ausbildungsberufe	Anteil in %	Ausbildungsberufe	Anteil in %
1	Medizinische Fachangestellte	6,7	Kraftfahrzeugmechatroniker	6,8
2	Bürokauffrau	6,6	Industriemechaniker	5,2
3	Kauffrau im Einzelhandel	6,5	Elektroniker	3,9
4	Industriekauffrau	5,5	Anlagenmechaniker für Sanitär-, Heizungs- und Klimatechnik	3,6
5	Verkäuferin	5,2	Kaufmann im Einzelhandel	3,4
6	Zahnmedizinische Fachangestellte	5,2	Mechatroniker	2,7
7	Friseurin	4,7	Metallbauer	2,7
8	Kauffrau für Bürokommunikation	4,3	Fachinformatiker	2,6
9	Fachverkäuferin im Lebensmittelhandwerk	4,3	Kaufmann im Groß- und Außenhandel	2,5
10	Bankkauffrau	3,5	Koch	2,5
	Summe	**52,5**		**35,9**

Quelle: Statistisches Bundesamt (2012b), Fachserie 11, Reihe 3, Bildung und Kultur, Berufliche Bildung, Stand 2011, www.destatis.de, eigene Darstellung

Ein ähnliches Bild ergibt sich bei Studentinnen und Studenten. Obwohl Frauen im Wintersemester 2011/2012 fast die Hälfte der Studierenden ausmachten, wählten sie andere Fächer als Männer. In der mit 31 % aller Studierenden am stärksten belegten Fachrichtung Rechts-, Wirtschafts- und Sozialwissenschaften ist das Verhältnis relativ ausgeglichen.[16] In Ingenieurwissenschaften, für die sich ein Fünftel aller Studierenden entschied, sind Frauen nur zu 21 % vertreten. Dafür machen sie in der etwa gleich stark besetzten Fachrichtung Sprach- und Kulturwissenschaft 70 % der Studierenden aus. Abbildung 3 veranschaulicht die Geschlechterverteilung in den Studienfachrichtungen.

[15] Vgl. Statistisches Bundesamt (2009), Tabelle 1.
[16] Vgl. Statistisches Bundesamt (2012c), Tabelle 1.4.

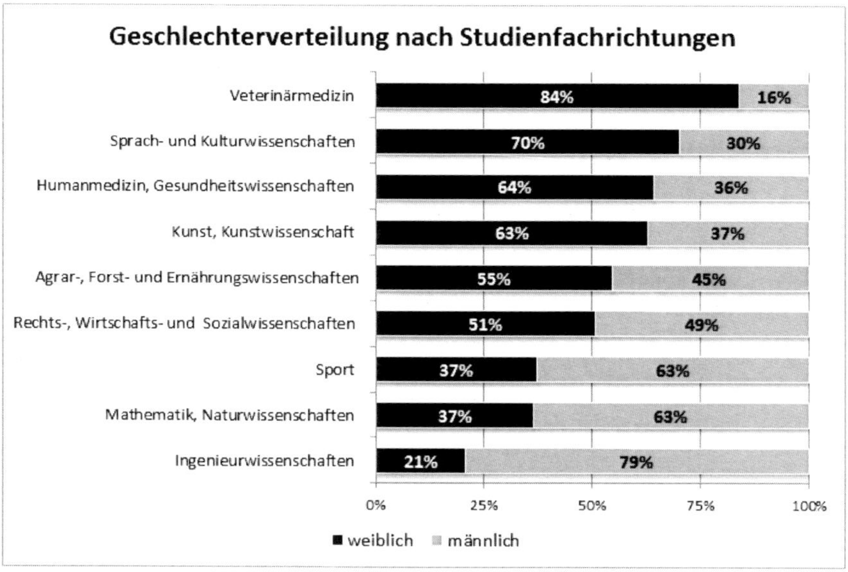

Abbildung 3: Geschlechterverteilung nach Studienfachrichtungen

Quelle: Statistisches Bundesamt (2012c), Fachserie 11, Reihe 4.1, Bildung und Kultur, Studierende an Hochschulen, Vorbericht, Stand Wintersemester 2011/2012, www.destatis.de, eigene Darstellung

Später sind Frauen, obwohl sie Ausbildung oder Studium besser abschließen als Männer[17], hauptsächlich in Berufen mit niedrigem Einkommen wie in der Kranken- und Altenpflege, in Reinigungsberufen oder in sozialen Berufen tätig.[18] Frauen arbeiten überwiegend auf den unteren Hierarchieebenen und in niedrigen Lohnklassen.[19] Zudem stehen sie deutlich häufiger als Männer in einem atypischen Beschäftigungsverhältnis. Dabei kann es sich um ein befristetes Arbeitsverhältnis, um Teilzeit, um eine geringfügige Beschäftigung oder um Zeitarbeit handeln. Zum Vergleich: Nur 63 % der Frauen befinden sich in einem unbefristeten Vollzeit-Arbeitsverhältnis, während 86 % der Männer in einer solchen Anstellung stehen.[20] Sechsmal so viele Frauen wie Männer arbeiten Teilzeit, dreieinhalbmal so viele sind geringfügig beschäftigt.

Diese Frauen zählen zur Arbeitskräftereserve in Deutschland,[21] die im Hinblick auf die zunehmende Verrentung der Bevölkerung und der dementsprechenden Verringerung

---

[17] Vgl. BMFSFJ (2004), S. 16.
[18] Vgl. BMFSFJ (2005a), S. 163.
[19] Vgl. BMFSFJ (2005a), S. 100.
[20] Vgl. Statistisches Bundesamt (2012d), S. 6.
[21] Vgl. Kay, R. u.a. (2010), S. 45.

des Erwerbspersonenpotenzials maßgeblich ist. Die Energiebranche ist von der wachsenden Überalterung besonders betroffen, denn die durchschnittliche Betriebszugehörigkeit mit 18 Jahren liegt weit über dem deutschen Durchschnitt von rund 11 Jahren.[22] Im Jahr 2011 betrug in Deutschland der Anteil an Mitarbeitern, die älter sind als 50 Jahre, durchschnittlich 31 %.[23] In der Energieversorgung liegt diese Quote bei 34 %. Die Branche rangiert damit nur noch vor der Land- und Forstwirtschaft und der öffentlichen Verwaltung – den Wirtschaftszweigen, in denen die Mitarbeiter noch älter sind.

Das DIW Berlin, das regelmäßig den Anteil von Frauen in Führungsgremien der größten deutschen Wirtschaftsunternehmen analysiert, stellt beispielsweise fest, dass im Jahr 2010 von insgesamt 1.181 Führungskräften in Deutschland 319 weiblich waren.[24] Das sind 27 %. Nur 36 Frauen, also 0,03 %, waren davon mit umfassenden Führungsaufgaben betraut. Frauen sind in Vorständen und Aufsichtsräten in der Minderheit. So betrug Ende 2011 der Frauenanteil in den Vorständen der 200 größten Unternehmen 3 %, das heißt, von insgesamt 906 Vorstandsmitgliedern waren 29 weiblich.[25] In den Aufsichtsräten lag der Frauenanteil mit 11,9 % etwas höher.[26]

Das DIW Berlin hat weiter ermittelt, dass kleine Unternehmen mehr Topmanagerinnen beschäftigen als große.[27] Insgesamt betrug im Jahr 2010 der Anteil an weiblichen Führungskräften in der privaten Wirtschaft 30 %, wird die öffentliche Verwaltung einbezogen, lag er bei 37 %.[28] Interessant ist dabei, dass weibliche Führungskräfte in geringerem Maße in frauentypischen Berufen tätig sind als Frauen auf niedrigeren Hierarchieebenen.[29] Das hängt damit zusammen, dass es in typischen Frauenberufen deutlich weniger Führungspositionen gibt als in männerdominierten Berufen.

In der Folge verfügen Frauen im Vergleich zu Männern über ein deutlich niedrigeres Bruttoeinkommen. So erzielten weibliche Angestellte im Jahr 2002 auf dem Gebiet der alten Bundesländer 70,5 % vom Einkommen der Männer, in den neuen Bundesländern lag der Wert mit 77,1 % etwas höher.[30] Der Gender Pay Gap, der beschreibt, um wie viel Prozent der durchschnittliche Bruttostundenverdienst von Frauen geringer ausfällt

---

[22] Vgl. EnergyRelations GmbH (2012a), S. 8.
[23] Vgl. EnergyRelations GmbH (2012a), S. 8.
[24] Vgl. Holst, E. u.a. (2012), S. 17.
[25] Vgl. Holst, E. u.a. (2012), S. 5.
[26] Vgl. Holst, E. u.a. (2012), S. 5.
[27] Vgl. Holst, E., Schimeta, J. (2011), S. 7.
[28] Vgl. Holst, E. u.a. (2012), S. 21.
[29] Vgl. Holst, E. u.a. (2012), S. 9.
[30] Vgl. BMFSFJ (2004), S. 251.

als der von Männern, beträgt in Deutschland 23 %.[31] Diese Unterschiede lassen sich durch die geschilderten arbeitsplatzrelevanten Merkmale wie der Berufswahl, dem Anteil Frauen in atypischen Beschäftigungsverhältnissen und dem Anteil weiblich besetzter Führungspositionen begründen – ein Zusammenhang, den auch das Bundesamt für Statistik bestätigt.

2.2 Die Beschäftigungssituation von Frauen in der Energiewirtschaft

Besonders gering ist der Frauenanteil mit 24,8 % in der Energieversorgung.[32] Nur im Bergbau, dem Baugewerbe und in der Wasserversorgung/Entsorgung arbeiten noch weniger Frauen. Abbildung 4 zeigt den Frauenanteil an den sozialversicherungspflichtig Beschäftigten in den einzelnen Wirtschaftszweigen.

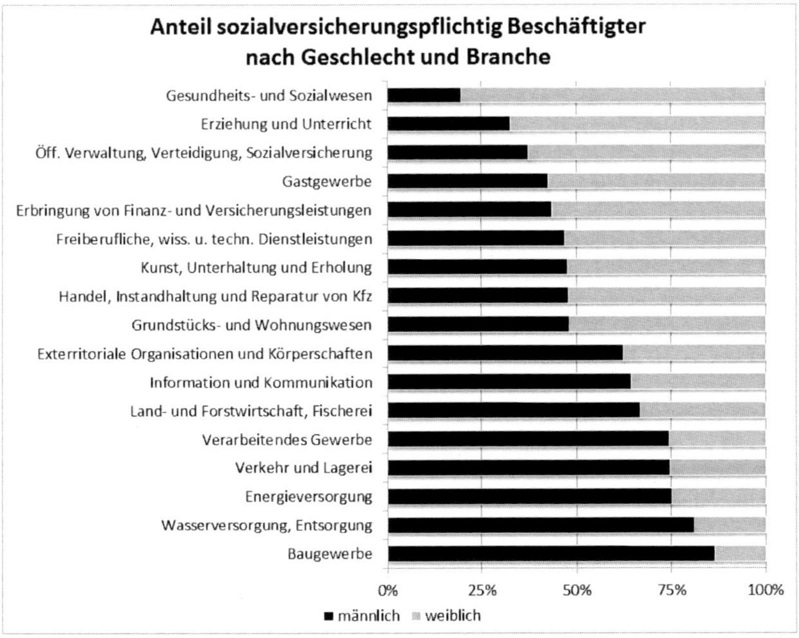

Abbildung 4: Anteil sozialversicherungspflichtig Beschäftigter nach Geschlecht und Branche
Quelle: Auswertung des Statistischen Bundesamtes (2012a), aus der Beschäftigungsstatistik der Bundesagentur für Arbeit, Stand 31.12.2010, https://www-genesis.destatis.de/genesis/online, eigene Darstellung

[31] Vgl. Statistisches Bundesamt (2012e), www.destatis.de.
[32] Vgl. Statistisches Bundesamt (2012a), www.destatis.de.

Auch im Management ist der Frauenanteil in der Energiewirtschaft gering. Für das Jahr 2011 wird der Frauenanteil in der ersten Führungsebene mit 6,4 % angegeben.[33] Die Branche gehört daher zu den fünf Wirtschaftszweigen mit den geringsten Frauenquoten in Führungspositionen. Als einziger Energieversorger kann E.ON unter den 200 umsatzstärksten deutschen Unternehmen eine Frau im Vorstand vorweisen. Im E.ON-Konzern und bei RWE liegt die Frauenquote in Führungspositionen jeweils nur bei 8 %. E.ON hat sich freiwillig zu einer Frauenquote von 14 %, RWE zu 22 % verpflichtet.[34] Bei vier Energieversorgern unter den Top-200-Unternehmen ist der Aufsichtsrat zu mindestens einem Viertel mit Frauen besetzt. Tabelle 2 listet die genauen Anteile auf. Bei der Thüga Aktiengesellschaft hat eine Frau den Vorstandsvorsitz inne.[35]

Tabelle 2: Energieversorger unter den Top-200-Unternehmen mit mindestens 25 % Frauen im Aufsichtsrat 2011

Rang	Unternehmen	Mitglieder insgesamt	davon Frauen	Anteil in %
174	Stadtwerke Leipzig GmbH	19	5	26
30	E.ON Ruhrgas AG	16	4	25
32	Thüga Aktiengesellschaft	12	3	25
192	envia Mitteldeutsche Energie AG	20	5	25

Quelle: Holst u.a. (2012), S. 98.

Bei der Analyse der atypischen Beschäftigungsverhältnisse in der Energiewirtschaft fällt auf, dass der Anteil an Arbeitnehmern mit Teilzeitverträgen mit nur 8,7 % deutlich unter dem deutschen Durchschnitt von 20 % liegt.[36] Dementsprechend gibt es in der Branche nach Bergbau, dem Baugewerbe, dem Verarbeitenden Gewerbe, der Wasserversorgung und Entsorgung sowie der Land- und Forstwirtschaft die meisten Vollzeitarbeitsverhältnisse.

Von den Teilzeitbeschäftigten sind zwei Drittel weiblich. Damit liegt die Energieversorgung ebenfalls unter dem deutschen Schnitt von 83 % und hat neben der Wasserversorgung und der Land- und Forstwirtschaft den niedrigsten Anteil an teilzeitbeschäftigten Frauen. Abbildung 5 veranschaulicht die Beschäftigungsverhältnisse von Frauen in der Energiewirtschaft.

---

[33] Vgl. Holst, E. u.a. (2012), S. 82.
[34] Vgl. Holst, E., Schimeta, J. (2011), S. 2 f.
[35] Vgl. Holst, E. u.a. (2012), S. 98.
[36] Vgl. Statistisches Bundesamt (2012c), S. 6.

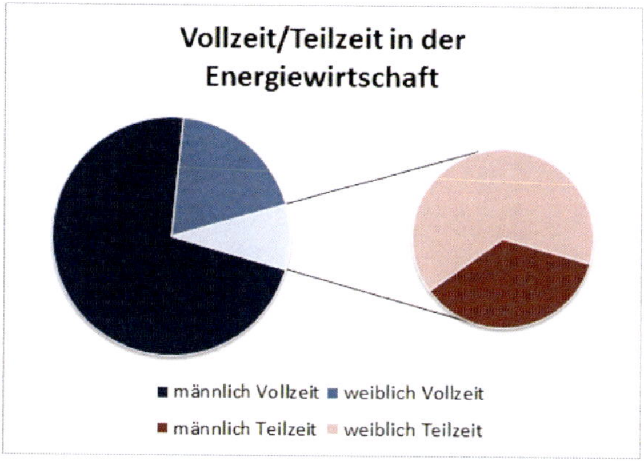

Abbildung 5: Vollzeit und Teilzeit in der Energiewirtschaft
Quelle: Auswertung des Statistischen Bundesamtes (2012a), aus der Beschäftigungsstatistik der Bundesagentur für Arbeit, Stand 31.12.2010, https://www-genesis.destatis.de/genesis/online, eigene Darstellung

Der durchschnittliche Bruttojahresverdienst von Vollzeitbeschäftigten im Jahr 2011 betrug in der Energiewirtschaft 60.853 Euro und lag um knapp 17.000 Euro höher als der Durchschnitt im produzierenden Gewerbe und im Dienstleistungsbereich.[37] Mit dieser hohen Entlohnung rangiert die Energieversorgung auf Platz 2 der Wirtschaftszweige, nur im Finanz- und Versicherungssektor wird mehr verdient. Die Energiewirtschaft ist also zumindest vom Einkommen und von der Art der Beschäftigungsverhältnisse her eine attraktive Branche – auch für Frauen.

3 Rechtlicher Bezugsrahmen der Gleichstellung

In Deutschland ist die Gleichberechtigung von Frauen und Männern als Grundrecht garantiert und in Artikel 3 Absatz 2 Satz 1 Grundgesetz verankert, in dem es wortwörtlich heißt: „Männer und Frauen sind gleichberechtigt." 1994 wurde der Artikel um einen Satz 2 ergänzt, nach dem der Staat verpflichtet ist, die tatsächliche Durchsetzung der Gleichberechtigung von Frauen und Männern zu fördern und auf die Beseitigung bestehender Nachteile hinzuwirken.[38] Niemand darf wegen seines Geschlechts und anderer Diskriminierungsmerkmale benachteiligt oder bevorzugt werden, ist weiterhin in Art. 3 Abs. 3 GG festgelegt.

---

[37] Vgl. Statistisches Bundesamt (2012f), www.destatis.de.
[38] Vgl. Art. 3 Abs. 2 Satz 2 GG.

Auf der Verwaltungsebene hatte der Gesetzgeber mit dem Bundesgleichstellungsgesetz und den Landesgleichstellungsgesetzen eine Grundlage geschaffen, die Gleichstellung von Frauen und Männern sowie die Beseitigung bestehender und die Verhinderung künftiger Diskriminierungen voranzutreiben.[39] Für private Unternehmen mangelte es an einer entsprechenden Gesetzgebung.

Obwohl der Gleichbehandlungsgrundsatz nach Art. 3 Abs. 2 Satz 1 GG schon 1949 ins Grundgesetz aufgenommen wurde,[40] fehlte in Deutschland lange Zeit ein Antidiskriminierungsgesetz. 1997, im Europäischen Jahr gegen Rassismus, wurden erste Vorentwürfe dazu entwickelt, die aber nicht weiter verfolgt wurden.[41]

Parallel dazu hat die Europäische Union den Schutz vor Diskriminierung und die Gleichbehandlung in Bezug auf das Geschlecht kontinuierlich vorangetrieben, da die Grundrechte in Artikel 6 des Vertrages über die Europäische Union festgelegt sind.[42] Die Gleichbehandlung der Geschlechter ist weiterhin in Artikel 21 der Charta der Grundrechte der Europäischen Union verankert, in dem es heißt: „Diskriminierungen insbesondere wegen des Geschlechts, der Rasse, der Hautfarbe, der ethnischen oder sozialen Herkunft, der genetischen Merkmale, der Sprache, der Religion oder der Weltanschauung, der politischen oder sonstigen Anschauung, der Zugehörigkeit zu einer nationalen Minderheit, des Vermögens, der Geburt, einer Behinderung, des Alters oder der sexuellen Ausrichtung sind verboten." Die Europäische Union folgt damit internationalen Regelungen wie zum Beispiel dem Übereinkommen der Vereinten Nationen vom 18.12.1979, in dem die Gleichbehandlung der Frau geregelt ist.[43]

Weiterhin hat der Rat der Europäischen Union auf Grundlage von Artikel 13 des Vertrages zur Gründung der Europäischen Gemeinschaft Antidiskriminierungsrichtlinien verabschiedet. Die Reformrichtlinie Gleichbehandlung Geschlecht in Beschäftigung und Beruf 2002/73/EG vom 23. September 2002 bezieht sich auf die Gleichbehandlung von Frauen und Männern im Rahmen der Erwerbstätigkeit. Ziel dieser Richtlinie ist es, die Gleichbehandlung der Geschlechter beim Zugang zu Beschäftigung und Berufsbildung, beim beruflichen Aufstieg sowie bei den Arbeitsbedingungen sicherzustellen.[44]

---

[39] Vgl. § 1 BGleiG.
[40] Vgl. BMFSFJ (2004), S. 222.
[41] Vgl. Schiek, D. (2007), Einl. Rn. 2.
[42] Vgl. BT-DS 16/1780, S. 20.
[43] Vgl. Bauer, J.-H. u.a. (2008), Einl. Rn. 25.
[44] Vgl. Schiek, D. (2007), Einl. Rn. 35.

Nach Inkrafttreten der Antidiskriminierungsrichtlinien und einer Vertragsverletzungsklage der EU-Kommission gegen Deutschland wegen Nichtumsetzung der Antirassismus-Richtlinie geriet Deutschland zunehmend unter Druck, ein eigenes Gesetz gegen die Diskriminierung zu verabschieden.[45] Nach der Bundestagswahl im September 2005 unter dem Druck des Zwangsgeldverfahrens, das die Europäische Kommission gegen Deutschland eingeleitet hatte, einigten sich die Parteien und das Allgemeine Gleichbehandlungsgesetz (AGG) trat am 18.08.2006 in Kraft.[46]

In seiner Gesetzesbegründung führt der Gesetzgeber zum Reformbedürfnis in Deutschland unter anderem aus, dass sozial unerwünschte Benachteiligungen beziehungsweise Bevorzugungen wesentlich in den Generalklauseln des Bürgerlichen Gesetzbuches geregelt sind. Zum Ausbau der Gleichbehandlung insbesondere in Bezug auf Frauen verweist er auf entsprechende Regelungen im Beamtenrechtsrahmengesetz und im Bundesbeamtengesetz für den öffentlichen Dienst und auf das Arbeitsrechtliche EG-Anpassungsgesetz, in dem die Ungleichbehandlung wegen des Geschlechts bereits seit 1980 verboten und mit Sanktionen bewehrt ist.[47] Im Gegensatz zu anderen sozialen Gruppen sind Frauen wie Behinderte von der bestehenden Gesetzeslage am weitesten geschützt. Dennoch führt der Gesetzgeber aus, dass der Rechtsschutz in der Praxis nur wenig genutzt wird.[48] Bestimmte soziale Gruppen, zu denen er auch Frauen zählt, sind in Deutschland schlechter in die Arbeitswelt eingebunden und erleiden infolgedessen wirtschaftliche und andere materielle und immaterielle Nachteile. Deshalb müsse der Rechtsschutz weiter verbessert werden und vor allem „eine faktische Rechtsdurchsetzung“[49] angestrebt werden.

4 Bestimmung der Begriffe

Für das bessere Verständnis der Frauenförderung werden in den nachfolgenden Unterkapiteln die theoretischen Grundlagen von Gender Diversity gelegt und Frauenförderung als Begriff charakterisiert. Die Frauenförderung soll in dieser Studie anhand der Personalmanagementprozesse Personalbeschaffung, Personalentwicklung und Personalbindung untersucht werden. Aus diesem Grund werden anschließend diese Begriffe näher bestimmt.

---

[45] Vgl. Schiek, D. (2007), Einl. Rn. 3 und 4.
[46] Vgl. Schiek, D. (2007), Einl. Rn. 5 und 6.
[47] Vgl. BT-DS 16/1780, S. 22.
[48] Vgl. BT-DS 16/1780, S. 23.
[49] BT-DS 16/1780, S. 23.

4.1 Theoretische Grundlagen von Gender und Diversity

Der Begriff Gender Diversity wird in verschiedenen Quellen immer wieder verwendet. So benennt McKinsey die erste seiner Woman-Matter-Studien aus dem Jahr 2007 mit dem Titel „Gender Diversity, a corporate performance driver" und kommt in den nachfolgenden vier Studien immer wieder auf diesen Kernbegriff zurück.[50] Professor Dr. Claudia Neusüß von der Technischen Universität Berlin sieht in Gender Diversity die Antwort auf die Wirtschaftskrise.[51] In der Fachliteratur lässt sich keine einheitliche Definition finden. Im Kontext dieser Studie muss deshalb eine Begriffsbestimmung erfolgen. Dazu werden zunächst die Begriffe Gender und Diversity betrachtet. Es folgt eine Erläuterung des Diversity Managements, das vom Gender Mainstreaming abgegrenzt wird. Abschließend wird Gender Diversity als Teil des Diversity Managements definiert.

4.1.1 Gender

Der Begriff „Gender" stammt aus dem Englischen und bedeutet Geschlecht. Im Deutschen bezieht sich Geschlecht auf das biologische Genus, das angeborene Mann- oder Frausein, das im Englischen als „Sex" bezeichnet wird.[52] Im Gegensatz dazu wird Gender als soziales Konzept verwendet, das Weiblichkeit und Männlichkeit in zwischenmenschlicher Kommunikation und Interaktion beschreibt.[53] Welpe charakterisiert Gender als „die Rollen, die eine Gesellschaft oder Kultur für Frauen und Männer definiert"[54].

Evolutionsbiologische Ansätze, nach denen Frauen und Männer unterschiedlich handeln, weil dies im Gehirn so festgelegt sei, werden sehr kritisch diskutiert.[55] Zum einen widerlegt die Hirnforschung diese Theorie, denn innerhalb männlicher beziehungsweise weiblicher Gruppen lassen sich signifikante Unterschiede nachweisen. Zum anderen impliziert eine solche Theorie den Schluss, dass die genderspezifischen Unterschiede in anderen Kulturen in ähnlicher Weise beobachtbar sein müssten. Dass dies nicht zutrifft, belegen Beispiele, wie die körperlich schwere Arbeit, die Frauen traditioneller Kulturen

---

[50] Vgl. McKinsey (2012), www.mckinsey.de.
[51] Vgl. Neusüß, C. (2009), S. 4.
[52] Vgl. Onnen-Isemann, C., Bollmann, V. (2010), S. 60.
[53] Vgl. Hanappi-Egger, E. (2012), S. 180.
[54] Welpe, In., Welpe, Is. (2003), S. 15.
[55] Vgl. Vinz, D., Schiederig, K. (2010), S. 22.

in Afrika oder Südamerika verrichten, während in der westlichen Gesellschaft davon ausgegangen wird, dass der Mann das körperlich stärkere Geschlecht sei.[56]

Verbreitet ist das Verständnis von Gender im gesellschaftlichen Kontext, wonach kulturelle Einflüsse das Denken und Handeln im Hinblick auf das Geschlecht prägen. Der Begriff umfasst sowohl durch Sozialisation erlerntes Verhalten als auch das Verhalten, das entsprechend der Rollenbilder erwartet werden kann.[57] Erwartungen und Wünsche des Einzelnen werden dadurch genauso bestimmt wie die Chancen und Hürden im Arbeitsleben und im Privatbereich sowie der Zugang zu Ressourcen.[58] Abbildung 6 veranschaulicht diese Definition.

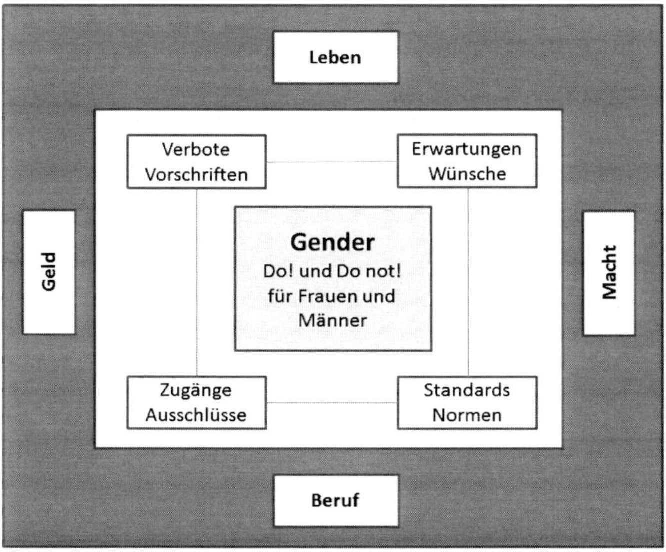

Abbildung 6: Definition von Gender
Quelle: in Anlehnung an Welpe, In., Welpe, Is. (2003), S. 16

Bestimmte Eigenschaften, die typisch weiblich oder typisch männlich sind, werden diesen Rollen zugeschrieben. Nach dem heutigen Rollenverständnis unterscheiden sich Frauen von Männern hinsichtlich ihres Kommunikations- und Sprachstils, ihrer Führungsmotivation, ihrer Hilfsbereitschaft und ihrer Selbstdarstellung. Außerdem gehen sie anders mit Aggressionen und mit Konkurrenzsituationen um.[59] Frauen werden als

[56] Vgl. Vinz, D., Schiederig, K. (2010), S. 23.
[57] Vgl. Hanappi-Egger, E. (2012), S. 182.
[58] Vgl. Welpe, In., Welpe, Is. (2003), S. 16.
[59] Vgl. Welpe, In., Welpe, Is. (2003), S. 111.

emotional, einfühlsam und kommunikativ beschrieben, Männer als rational, zielstrebig und durchsetzungsstark.[60] Im beruflichen Kontext führen diese Geschlechterstereotypen zu einem Urteil über die Befähigung oder Untauglichkeit für bestimmte Arbeitsaufgaben.[61]

Bedingt durch die Evolution waren biologisches und soziales Geschlecht lange Zeit identisch.[62] Frauen waren für Kinder und Familie zuständig, während Männer Wirtschaft, Politik und Wissenschaft beherrschten. Im 18. Jahrhundert, in der Epoche der Aufklärung, begann sich dieses Bild zu wandeln.[63] Die Entwicklung setzte sich in der Zeit des politischen Feminismus im späten 19. Jahrhundert weiter fort. Die Industrialisierung, die wirtschaftliche Notwendigkeit der Frauenerwerbstätigkeit nach dem Zweiten Weltkrieg und schließlich die Emanzipationsbewegung im vergangenen Jahrhundert sorgten weiter dafür, dass die bestehenden Denkmuster hinterfragt wurden. Heute können sowohl Frauen als auch Männer ihre Rollen nach eigenen Vorstellungen wählen.

4.1.2 Diversity

Der Begriff Diversity lässt sich auf das lateinische „dīversitās“ zurückführen, das Verschiedenheit, Unterschied oder Unterscheidungszeichen bedeutet.[64] Im Englischen wird unter „diversity“ neben Vielfalt auch Verschiedenartigkeit und Unterschiedlichkeit verstanden. Der Diversity-Begriff wird für die Eigenschaften verwendet, die Menschen einzigartig machen oder sie miteinander verbinden.[65] Er erstreckt sich neben dem Geschlecht auf weitere Unterschiede. Häufig werden in diesem Kontext die in § 1 AGG aufgeführten Dimensionen Rasse, ethnische Herkunft, Geschlecht, Religion oder Weltanschauung, Behinderung, Alter oder sexuelle Identität genannt.[66] Daneben gibt es jedoch weitere, weniger sichtbare Merkmale, in denen sich Menschen unterscheiden, die vom Begriff der Diversity erfasst werden. Tabelle 3 gibt darüber einen Überblick.

---

[60] Vgl. Kunz O'Neill, Ch. (2004), S. 22.
[61] Vgl. Vinz, D., Schiederig, K. (2010), S. 18.
[62] Vgl. Welpe, In., Welpe, Is. (2003), S. 17.
[63] Vgl. Welpe, In., Schmeck, M. (2005), S. 13 ff.
[64] Langenscheidt: Wörterbuch Lateinisch - Deutsch, Berlin/München 2008.
[65] Vgl. Sepehri, P., Wagner, D. (2002), S. 124.
[66] Vgl. Bendl, R. u.a. (Hrsg.) (2012), S. 11, Aretz, H.-J., Hansen, K. (2002), S. 10 f.

Unterschiede in diesen Attributen können zu Diskriminierungen führen oder Ursache von Konflikten sein.[67]

Tabelle 3: Sichtbare und weniger sichtbare Merkmale von Diversity

Sichtbar	weniger sichtbar	
	Werte	Wissen und Fähigkeiten
- Hautfarbe - Geschlecht - Alter - Nationalität - Behinderung	- Persönlichkeit - Werte - Religion - Sexuelle Orientierung - Humor	- Bildung - Sprachen - Status/Hierarchie - Fachkompetenz

Quelle: in Anlehnung an Vinz, D., Schiederig, K. (2010), S. 29

Diversity als Konzept umfasst neben der reinen Beschreibung von Unterschieden Lösungsansätze für den Umgang mit Vielfalt und dient so als positives Leitbild.[68] Es soll die Vorteile aufzeigen, die in der Pluralität liegen, indem zum einen Chancengleichheit hergestellt wird, zum anderen Benachteiligungen von Mitgliedern bestimmter Gruppen abgebaut werden.[69]

4.1.3 Diversity Management

Die Anwendung von Diversity in einer Organisation oder in einem Unternehmen wird als Managing Diversity oder Diversity Management bezeichnet.[70] Die Wurzeln des Diversity Managements liegen in den USA. Es ist in den achtziger Jahren des vorigen Jahrhunderts aus der Gleichberechtigungsdiskussion im Zusammenhang mit ökonomischen Überlegungen entstanden.[71]

Diversity Management als Bestandteil des Personalmanagements und der Organisationsführung in einem Unternehmen betrachtet nicht nur die ethisch-moralische Seite von Diversity, sondern will den Umgang mit Vielfalt auf Unternehmensziele wie Ergebnisoptimierung und Wettbewerbsfähigkeit ausrichten.[72]

---

[67] Vgl. Krell, G. (2002), S. 107.
[68] Vgl. Vinz, D., Schiederig, K. (2010), S. 26.
[69] Vgl. Vinz, D., Schiederig, K. (2010), S. 26.
[70] Vgl. Vinz, D., Schiederig, K. (2010), S. 36, Sepehri, P., Wagner, D. (2002), S. 132.
[71] Vgl. Bendl, R. (2012), S. 255.
[72] Vgl. Sepehri, P., Wagner, D. (2002), S. 133.

Diversity Management im Unternehmen beschäftigt sich mit der Pluralität der Arbeitnehmerschaft, die nicht nur positiv wahrgenommen, sondern ebenso gewinnbringend ausgenutzt werden soll. Vinz und Schiederig sagen dazu, dass Diskriminierung verhindert werden muss, weil so zufriedene Mitarbeiter ihr Leistungspotenzial voll entfalten können.[73] Sepehri und Wagner gehen sogar noch weiter und bezeichnen Individualität als „unternehmensspezifische Ressource"[74], durch die das Unternehmen Vorteile hinsichtlich Leistungsmaximierung und Steigerung der Wettbewerbsfähigkeit erlangen kann. Folglich erhöhen sich auch die Unternehmensergebnisse. Diversity Management versteht sich somit als Managementmodell, mit dem die Chancen von Vielfalt genutzt und die damit verbundenen Probleme minimiert werden sollen.

4.1.4 Abgrenzung von Diversity Management und Gender Mainstreaming

Der Europarat definierte 1998 Gender Mainstreaming als „Reorganisation, Verbesserung, Entwicklung und Evaluierung grundsätzlicher Prozesse mit dem Ziel, eine geschlechtsspezifische Sichtweise in alle politischen Konzepte auf allen Ebenen und in allen Phasen durch alle an politischen Entscheidungsprozessen beteiligten Akteure einzubringen"[75], um damit die Frauen und Männer im öffentlichen und im politischen Bereich gleichzustellen und gleich zu behandeln.[76] Es versteht sich als politische Intervention, um Geschlechtergerechtigkeit zu schaffen. Welpe und Schmeck beschreiben Gender Mainstreaming als „Konzept, das die Berücksichtigung der unterschiedlichen Lebenswelten von Mädchen/Frauen und Jungen/Männern auf allen gesellschaftlichen und politischen Entscheidungsebenen ermöglicht"[77] und stellen die gleichwertige Akzeptanz der unterschiedlichen männlichen beziehungsweise weiblichen Lebensmuster und Kompetenzen heraus.[78]

Gender Mainstreaming ist stärker politisch geprägt als Diversity Management. Es wird überwiegend in der Regierung, bei politischen Parteien oder in Verwaltungen eingesetzt[79] und wirkt aus der Politik heraus auf die einzelnen Verwaltungen und Behörden.[80] Indem Gender Mainstreaming als Querschnittsaufgabe für Innovationsprozesse auf

[73] Vgl. Vinz, D., Schiederig, K. (2010), S. 36.
[74] Sepehri, P., Wagner, D. (2002), S. 134.
[75] Vinz, D., Schiederig, K. (2010), S. 34.
[76] Vgl. Bendl, R. (2012), S. 245.
[77] Welpe, In., Schmeck, M. (2005), S. 75.
[78] Vgl. Welpe, In., Schmeck, M. (2005), S. 78.
[79] Vgl. Bendl, R. (2012), S. 255.
[80] Vgl. Bendl, R. (2012), S. 248.

politischer und gesellschaftlicher Ebene implementiert wird, sollen Strukturreformprozesse in Gang gesetzt werden, so dass Chancengleichheit möglich ist.[81]

Die wesentlichen Unterschiede zwischen Diversity Management und Gender Mainstreaming fasst Tabelle 4 zusammen.

Tabelle 4: Unterschiede zwischen Diversity Management und Gender Mainstreaming

	Diversity Management	Gender Mainstreaming
Diskriminierungsmerkmal	verschiedene Merkmale	Geschlecht
überwiegend angewendet in	Unternehmen	Regierungen, Verwaltungen, Parteien
gerichtet auf	Wertschätzung von Vielfalt als Chance für bessere Unternehmensergebnisse	Gleichstellung von Frauen und Männern als Gemeinschaftsaufgabe

Quelle: eigene Erstellung

Trotz der noch bestehenden Unterschiede sind beide Konzepte für öffentliche Verwaltungen und privatwirtschaftliche Unternehmen geeignet.[82]

4.1.5 Gender Diversity als Teil des Diversity Managements

Gender Diversity kann als Teilmenge des Diversity Managements verstanden werden, das sich neben Gender noch auf weitere Dimensionen erstreckt.[83] Häufig wird dabei Gender aufgrund seiner Wichtigkeit als Kerndimension wahrgenommen.[84] Im Gegensatz dazu ist unter Berücksichtigung der Ausführungen zu Gender Mainstreaming und Diversity Management in Punkt 4.1.4 eine Betrachtung von Gender Diversity als Konzept denkbar, das zum umfassenden Diversity Management im Wettbewerb steht, da es sich nur auf das Geschlecht ausrichtet und somit Angehörige anderer Gruppen unberücksichtigt lässt.[85]

Eine dritte Sichtweise integriert beide Ansätze.[86] Gender und Diversity ergänzen einander. Neben einer rein auf das Geschlecht beschränkten Betrachtungsweise wird auch die Intersektionalität untersucht. Der Begriff der Intersektionalität bezieht sich auf mehrere

[81] Vgl. Onnen-Isemann, C., Bollmann, V. (2010), S. 217 f.
[82] Vgl. Krell, G., Sieben, B. (2010), S. 57.
[83] Vgl. Massing, P. (2010), S. 8.
[84] Vgl. Eberherr, H. (2012), S. 70.
[85] Vgl. Krell, G., Sieben, B. (2010), S. 57 f.
[86] Vgl. Eberherr, H. (2012), S. 70.

Diskriminierungsmerkmale in einer Person, wie zum Beispiel Frauen mit Migrationshintergrund, und betrachtet die Korrelation zwischen den Merkmalen und ihre Bedeutung für Ungleichbehandlung.[87] Gender und Diversity verschmelzen zu Gender Diversity, in dem die beiden Faktoren Geschlecht und Vielfalt kombiniert werden.

In der Unternehmensstrategie verankert zielt Gender Diversity darauf ab, die Position der unterrepräsentierten Gruppe zu stärken und so Geschlechtervielfalt in einer Organisation zu fördern. Aufgrund der unter Punkt 2.1 dargelegten strukturell bedingten Benachteiligung von Frauen richtet sich Gender Diversity in der Praxis häufig an Frauen, obwohl genauso Fälle zum Beispiel im Gesundheits- und Sozialwesen denkbar sind, in denen strukturelle Nachteile von Männern ausgeglichen werden müssen.[88]

Gender Diversity stellt eine Investition in die Zukunft des Unternehmens dar: Weibliche Beschäftigte tragen durch ihre differenzierte Sichtweise dazu bei, Trends am Markt zu erkennen.[89] Weil Frauen wesentlich die Kaufentscheidungen treffen und eine eigene Kundenzielgruppe bilden, müssen sie an den Entscheidungsprozessen beteiligt werden, um die Unternehmen wettbewerbsfähig zu halten. Aktiv gelebte Geschlechtervielfalt stärkt das Unternehmensimage und erhöht damit auf der einen Seite die Motivation der Arbeitnehmer und auf der anderen Seite die Kaufbereitschaft der Kunden.[90] Frauen verbessern die Qualität der Leistungen und Prozesse. In der Summe führt ihre verstärkte Beschäftigung letztlich zu einem höheren Unternehmensergebnis.

Deshalb trifft der Begriff des Gender Diversity den Kern dieser Studie, da Frauen – wie die Ausführungen unter Punkt 2.2 gezeigt haben – in der Energiewirtschaft strukturell benachteiligt sind.

4.2 Der Begriff der Frauenförderung

Während Gender Diversity eine langfristige Unternehmensstrategie umschreibt, zielt Frauenförderung auf kurzfristige Maßnahmen zum Ausgleich bestehender Ungerechtigkeiten zwischen Frauen und Männern im Berufsleben ab. Auf diese Weise soll die Position der Frauen im Unternehmen gestärkt werden.[91] Frauenförderung wird sowohl

---

[87] Vgl. Eberherr, H. (2012), S. 62.
[88] Vgl. hierzu Abbildung 4: Anteil sozialversicherungspflichtig Beschäftigter nach Geschlecht und Branche.
[89] Vgl. McKinsey (2012), S. 10.
[90] Vgl. McKinsey (2012), S. 11.
[91] Vgl. Welpe, In., Schmeck, M. (2005), S. 89.

im Rahmen von Gender Mainstreaming als auch von Gender Diversity betrieben. Sie orientiert sich an den frauenspezifischen Bedürfnissen und vernachlässigt die Problemlagen der Männer. Obwohl sie sich im engeren Sinn nur auf einen einzigen Aspekt des Diversity Managements bezieht, stellt die Frauenförderung häufig einen ersten Ansatz für Unternehmen dar, sich dem Thema Diversity zu nähern, weil das Geschlecht die Variable mit der größten strukturellen Relevanz darstellt.[92] So beschäftigen einer Studie des Institutes für Mittelstandsforschung zufolge 96 % der Unternehmen Frauen, aber nur 50 % Ausländer oder Personen mit Migrationshintergrund.[93]

Frauenförderung wirkt auf personaler Ebene als Maßnahme zur Chancengleichheit von Frauen und zum Abbau von Diskriminierung.[94] Sie kann nur erfolgreich sein, wenn die einzelnen Maßnahmen miteinander abgeglichen und aufeinander abgestimmt werden.[95] Am Beispiel einer Mutter, die als Führungskraft tätig ist, zeigt sich, dass allein auf die Karriereentwicklung ausgerichtete Maßnahmen zu kurz greifen würden. Um Frauen erfolgreich ins Management zu integrieren, bedarf es weiterer Unterstützung, beispielsweise durch Kinderbetreuung oder flexible Arbeitszeitgestaltung. Frauenförderpläne, die auf den unternehmensspezifischen Bedarf ausgerichtet sind, helfen bei der konkreten Umsetzung.[96]

Frauenförderung ist ein Weg, das Arbeitgeberimage des Unternehmens zu stärken. Sie wirkt sich neben der Steigerung der Attraktivität nach außen, zum Beispiel gegenüber potenziellen Bewerbern oder Kunden, zugleich nach innen auf die Zufriedenheit der Mitarbeiter aus.[97]

4.3 Definition der verwendeten personalwirtschaftlichen Begriffe

Wie aus Abbildung 7 ersichtlich ist, gehören Personalbeschaffung, Personalentwicklung und Personalbindung zu den Kernprozessen des Personalmanagements.[98]

---

[92] Vgl. Eberherr, H. (2012), S. 70.
[93] Vgl. Kay, R. u.a. (2010), S. 66 und 71.
[94] Vgl. Bendl, R. (2012), S. 255.
[95] Vgl. Stalder, B. (1997), S. 146.
[96] Vgl. Sprachmann, K. (2005), S. 39.
[97] Vgl. Sprachmann, K. (2005), S. 66.
[98] Vgl. Bröckermann, R. (2012), S. 19.

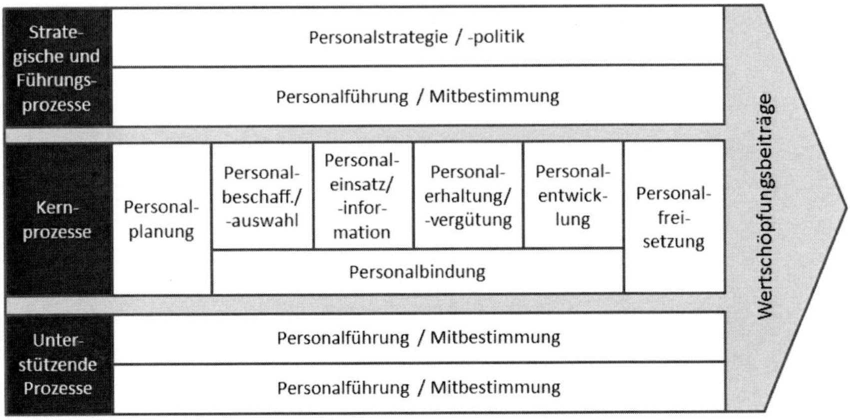

Abbildung 7: Wertschöpfungskette für Personalmanagementprozesse
Quelle: in Anlehnung an Becker, L. (2000), S. 8, modifiziert durch Wald, P. (2011), S. 9

Nachfolgend werden diese Begriffe definiert.

4.3.1 Personalbeschaffung

Die Personalbeschaffung, die auch als Rekrutierung oder Recruiting bezeichnet wird, dient dazu, den ermittelten Personalbedarf in der entsprechenden Quantität und Qualität zu einem bestimmten Zeitpunkt beziehungsweise für einen bestimmten Zeitraum am Einsatzort zu decken.[99] Sie ist entweder nach innen an die Mitarbeiter des Unternehmens adressiert, zum Beispiel in Form interner Stellenausschreibungen, oder nach außen an potenzielle Bewerber, um diese zu einer Bewerbung bei dem Unternehmen anzuregen.[100] Zur Personalbeschaffung gehören sowohl die Personalakquisition, also die indirekte oder direkte Ansprache potenzieller Bewerber, als auch die Personalauswahl, das heißt die Entscheidung für den Bewerber, der am besten zu der vakanten Position passt.[101]

4.3.2 Personalentwicklung

Als Personalentwicklung wird die Vermittlung von Wissen und Fähigkeiten bezeichnet, die zum einen auf die Arbeitsleistung der Mitarbeiter und zum anderen auf die Stärkung

---

[99] Vgl. Bröckermann, R. (2012), S. 29.
[100] Vgl. Berthel, J., Becker, F. (2010), S. 304.
[101] Vgl. Bröckermann, R. (2012),S. 47 und 66.

persönlicher und sozialer Kompetenzen gerichtet sein kann.[102] Sie umfasst Bildung, Förderung und Organisationsentwicklung.[103] Personalentwicklung kann als Maßnahme der internen Personalbeschaffung verstanden werden, wenn sie beispielsweise auf die Befähigung einer Buchhalterin zur Leiterin des Rechnungswesens gerichtet ist.

4.3.3 Personalbindung

Unter Personalbindung wird die Identifikation des Mitarbeiters mit seinem Unternehmen verstanden.[104] Wie weit diese Verbundenheit reicht, hängt mit Werten und Emotionen zusammen. Der Mitarbeiter identifiziert sich nur dann mit seinem Unternehmen, wenn seine Werte mit denen des Arbeitgebers übereinstimmen. Die Unternehmenswerte dürfen dabei nicht nur oberflächlich benannt sein, sondern sie müssen als fester Bestandteil der Unternehmenskultur tatsächlich gelebt werden.[105] Durch eine hohe emotionale Verbundenheit mit dem Unternehmen wird die Zufriedenheit der Mitarbeiter gestärkt. Zufriedene Mitarbeiter sind motiviert. Sie erbringen bessere Leistungen, fehlen weniger bei der Arbeit und stehen ihrem Arbeitgeber loyal gegenüber.[106] Die emotionale Bindung wird allerdings nicht nur vom Ausmaß der Zufriedenheit beeinflusst, sondern auch von der Scheu vor dem Unbekannten, die mit einem eventuellen Wechsel einhergeht.[107]

4.3.4 Der Zusammenhang von Personalbeschaffung, Personalentwicklung und Personalbindung

Wie Abbildung 8 zeigt, versteht sich Personalbindung als übergreifender Prozess, der sowohl auf die Rekrutierung und die Personalentwicklung als auch auf Personalauswahl und Personaleinsatz ausstrahlt.[108]

---

[102] Vgl. Bröckermann, R. (2012), S. 17.
[103] Vgl. Bröckermann, R. (2012), S. 309.
[104] Vgl. Loffing, D., Loffing, C. (2010), S. 52.
[105] Vgl. Loffing, D., Loffing, C. (2010), S. 51.
[106] Vgl. Sprachmann, K. (2005), S. 66.
[107] Vgl. Bröckermann, R. (2012), S. 19.
[108] Vgl. Bröckermann, R. (2012), S. 19.

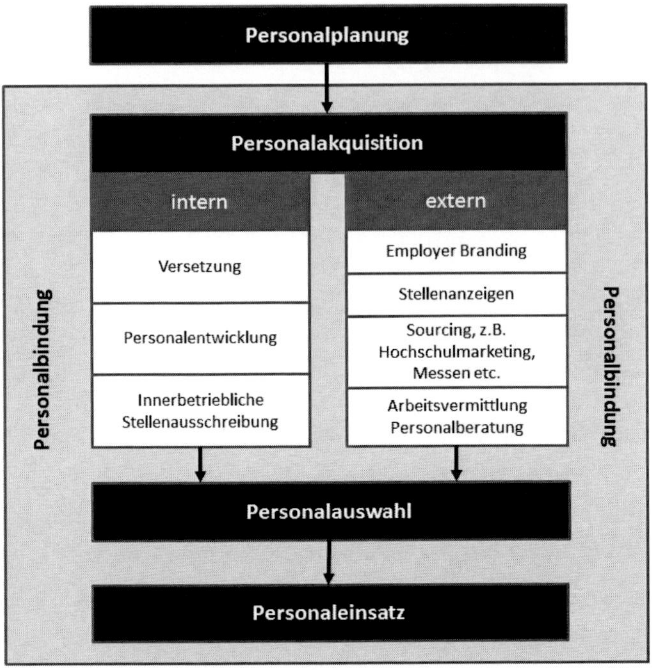

Abbildung 8: Der Zusammenhang von Personalbeschaffung, -entwicklung und –bindung
Quelle: eigene Erstellung in Anlehnung an Bröckermann, R. (2012), S. 31, 47 und 51

Eine Personalbeschaffung, die die Personalbindung unberücksichtigt lässt, ist zwecklos.[109] Die Maßnahmen im Rahmen der Rekrutierung sollten deshalb darauf ausgelegt sein, die Mitarbeiter langfristig im Unternehmen zu halten. Damit wird eine hohe Fluktuation von neuen Beschäftigten vermieden, die zum einen Kosten verursacht, zum anderen zu einem negativen Image beiträgt. Ebenso dient die Personalentwicklung gleichzeitig der Personalbindung, indem Potenzialträgern durch entsprechende Aufstiegsmöglichkeiten und Bildungsangebote im eigenen Unternehmen die Chance zur Selbstverwirklichung und zum beruflichen Fortkommen gegeben wird.[110]

Da für Rekrutierung und Personalentwicklung in Bezug auf die Frauenförderung eine separate Betrachtung erfolgt, wird der Begriff Personalbindung im Kontext dieser Studie auf den Prozess Personalerhaltung bezogen. Hierunter werden alle Maßnahmen

[109] Vgl. Bröckermann, R. (2012), S. 127.
[110] Vgl. Bröckermann, R. (2012), S. 312 f.

verstanden, die die Leistungsfähigkeit und Leistungsbereitschaft der Mitarbeiter langfristig sichern.[111]

5 Frauenförderung als Instrument von Gender Diversity

Im folgenden Kapitel werden konkrete Frauenförderungsinstrumente vorgestellt. Dabei werden die Einsatzmöglichkeiten bei den Personalmanagementprozessen Beschaffung, Personalbindung und Personalentwicklung untersucht. Im Hinblick auf die Personalbindung gemäß der in Abschnitt 4.3.3 vorgenommenen Definition werden hier die Themenfelder Work-Life-Balance und Familienfreundlichkeit separat betrachtet.

5.1 Frauenförderungsmaßnahmen in der Personalbeschaffung

In diesem Abschnitt werden Frauenförderungsmaßnahmen zum einen bei der Personalakquisition und zum anderen bei der Personalauswahl beschrieben.

5.1.1 Themenfeld Personalakquisition

Bei der Personalakquisition bieten sich den Unternehmen verschiedene, nachfolgend dargestellte Wege, gezielt an Frauen heranzutreten.
Employer Branding ermöglicht es dem Unternehmen, ein frauenfreundliches Image an die Zielgruppe zu transportieren, um so für Arbeitssuchende zum Arbeitgeber erster Wahl zu werden. Dazu bedient es sich der Werkzeuge aus der Öffentlichkeitsarbeit wie Anzeigenkampagnen, Werbefilme und entsprechendes Informationsmaterial als Print oder auf der Webseite.[112] In Bezug auf die Attraktivität eines Arbeitgebers haben Frauen andere Präferenzen als Männer. Sie legen Wert auf eine interessante Tätigkeit, während Männern das Einstiegsgehalt und die Gehaltsentwicklung wichtiger sind.[113] Dies bestätigt eine Umfrage von McKinsey und e-fellows.net.[114] Für Frauen zählt, dass sich das Unternehmen für Umwelt und Gesellschaft engagiert. Sie achten auf hohe ethische Standards.[115] Eine Employer-Branding-Kampagne unter der Flagge der Frauenförderung bietet die Chance, diese Elemente aufzugreifen.

---

[111] Vgl. Becker, L. (2000), S. 4.
[112] Vgl. Bröckermann, R. (2012), S. 59.
[113] Vgl. Huber, F. u. a. (2009), S. 37.
[114] Vgl. McKinsey (2009), www.mckinsey.de.
[115] Vgl. Employer Branding Today (2011), www.employerbrandingtoday.com.

Um frühzeitig Frauen als zukünftige Fach- und Führungskräfte anzusprechen, haben Unternehmen die Möglichkeit, an Schülerinnen und Studentinnen heranzutreten. Beim Girl's Day, einer deutschlandweiten Initiative, gewinnen Mädchen einen Tag lang einen Einblick in traditionelle Männerberufe und informieren sich über Aufstiegs- und Entwicklungsmöglichkeiten.[116] Die Zusammenarbeit mit Hochschulen ist ein weiterer Weg, junge Frauen anzusprechen.[117] Neben Fachvorträgen oder gemeinsamen Forschungsvorhaben vermitteln die Betreuung von Abschlussarbeiten und das Angebot an Praktika den Absolventinnen einen Einblick in die Unternehmenskultur und in die Arbeitsbedingungen. Werden diese Projekte von kompetenten Frauen aus dem Unternehmen begleitet, die als Rollenvorbilder wirken, sind sie besonders erfolgreich.[118]

Die klassische Stellenausschreibung in Printmedien oder im Internet kann ebenfalls ein frauenfreundliches Image kommunizieren. Stellenangebote müssen geschlechtsneutral formuliert werden, damit sie nach dem AGG diskriminierungsfrei sind.[119] Ausnahmen bestehen nur in Einzelfällen wie beispielsweise bei einer männlichen Schauspielrolle. Die häufig verwendete Formulierung „Frauen werden bei gleicher Eignung bevorzugt" sehen vor allem hochqualifizierte, junge Frauen kritisch. Sie erwarten von einem Arbeitgeber, dass er beide Geschlechter ohne Unterschied behandelt.[120] Durch die Verwendung von weiblichen und männlichen Berufsbezeichnungen und von Bildern können die Unternehmen verdeutlichen, dass Bewerbungen von Frauen und Männern gleichermaßen erwünscht sind. Anonyme Bewerbungen verdeutlichen zusätzlich das Bemühen um Gleichbehandlung.[121]

5.1.2 Themenfeld Personalauswahl

Frauenförderung im Rahmen der Personalauswahl ist häufig auf die geschlechtsbezogene Gleichbehandlung während des Auswahlverfahrens gerichtet. Ein Auswertungsbogen, über den Anschreiben, Lebenslauf und Zeugnisse anhand verschiedener Kriterien beispielsweise mit Schulnoten bewertet werden, verhindert persönlich gefärbte Einschätzungen.[122] Das gleiche gilt für den Einsatz von Leitfäden bei der Durchführung

---

[116] Vgl. Stalder, B. (1997), S. 152.
[117] Vgl. Bröckermann, R. (2012), S. 62.
[118] Vgl. Hansen, K. (2002), S. 237.
[119] Vgl. Bröckermann, R. (2012), S. 52.
[120] Vgl. Hansen, K. (2002), S. 237.
[121] Vgl. Bröckermann, R. (2012), S. 83.
[122] Vgl. Bröckermann, R. (2012), S. 83 f.

des Bewerbungsgesprächs oder für situative Verfahren wie Assessment Center. Durch die Anwesenheit von männlichen und weiblichen Beobachtern bei den Gesprächen und Tests lässt sich eine höhere Objektivität erreichen, da eine einseitige, subjektive Wahrnehmung der Bewerber ausgeschlossen wird.[123]

Obwohl das Arbeitsentgelt nach der Herzbergschen Zwei-Faktoren-Theorie ein sogenannter Hygienefaktor ist, durch den Unzufriedenheit verhindert werden kann, aber keine Zufriedenheit entsteht,[124] wirkt es sich unmittelbar auf die Arbeitgeberattraktivität aus[125]. Neben der Relation zu den Vergütungsbedingungen der Wettbewerber muss das Entgelt insbesondere mit den übrigen, im Unternehmen gezahlten Gehältern vergleichbar sein, da bei einer als ungerecht empfundenen Bezahlung die Unzufriedenheit steigt.[126] Eine vom Geschlecht unabhängige Vergütung, die sich an Tätigkeit und Leistung orientiert, ist deshalb eine Grundbedingung für die Beschäftigung von Frauen.

Ein weiterer Aspekt, Frauen bei der Personalauswahl zu fördern, ergibt sich aus der bevorzugten Einstellung von Frauen bei gleicher Eignung. Auch wenn – wie unter Punkt 5.1.1 erläutert – entsprechende Hinweise in der Stellenausschreibung von den Bewerberinnen kritisch gesehen werden, kann sich das Unternehmen bei zwei gleichwertigen Bewerbern tatsächlich für die Frau entscheiden. Eine Grundlage für solche Entscheidungen kann eine Quotenregelung sein, durch die die strukturell bedingte Benachteiligung von Frauen in dem Unternehmen abgebaut werden soll.

Neben dem schon genannten Weg, Rahmenbedingungen zu schaffen, die eine Einstellung von Frauen erleichtern, sind drei Varianten der Quotenregelung denkbar:[127]

1. bei zwei gleichen Bewerbern wird zwingend die Frau eingestellt, und zwar so lange, bis die Frauenquote erfüllt ist.
2. die Festlegung von Zielquoten in Abhängigkeit vom Anteil entsprechend qualifizierter Frauen in diesem Beruf. Wenn in einem bestimmten Beruf beispielsweise 20 % Frauen tätig sind, soll der Frauenanteil in diesem Beruf im Unternehmen gleichfalls 20 % betragen.
3. uneingeschränkte Quotierung.

---

[123] Vgl. Bröckermann, R. (2012), S. 174.
[124] Vgl. Kirchler, E. u.a. (2011), S. 106.
[125] Vgl. Simon, H. u.a. (1995), S. 199.
[126] Vgl. Sauermann, P. (2002), S. 122.
[127] Vgl. Gräfrath, B. (1992), S. 15 f.

Eine Quotenregelung stellt ein konkretes Ziel dar, dessen Erreichen durch belegbare Zahlen überprüft werden kann und anhand dessen sich das Unternehmen messen lassen muss. Die Frauenquote ist sowohl für die gesamte Organisation als auch für bestimmte Gruppen wie beispielsweise für Führungspositionen denkbar.

In Deutschland werden in Verwaltungen und Behörden sowie bei politischen Parteien bereits Frauenquoten eingesetzt.[128] Für Unternehmen der privaten Wirtschaft stehen gesetzliche Frauenquoten aktuell in der Diskussion.

Neben dem Vorteil, den Ausgleich der strukturell bedingten Nachteile von Frauen zu beschleunigen, hätte eine gesetzliche Frauenquote sogar eine Kehrseite. Erfolgreiche Frauen könnten als „Quotenfrauen“ abgestempelt und dadurch in eine Opferrolle gedrängt werden.[129] Frauenquoten haftet der negative Beigeschmack von Bevorzugung ohne Qualität an.[130] Des Weiteren kann aus Organisationspsychologischer Sicht nicht abgeschätzt werden, inwieweit sich die per Gesetz erzwungene Besetzung von Schlüsselpositionen mit Frauen auf die Motivation und Leistungsbereitschaft der Belegschaft auswirkt.[131]

5.2 Frauenförderungsmaßnahmen zur Personalbindung

Zwei Stichpunkte fallen unter der Überschrift Personalbindung besonders ins Auge: Work-Life-Balance und Familienfreundlichkeit.

Unter Work-Life-Balance werden die Rahmenbedingungen verstanden, die eine Organisation ihren Mitarbeitern zur Gestaltung ihres beruflichen und privaten Lebens vorgibt.[132] Die Maßnahmen, die eine Ausgewogenheit zwischen privaten Interessen und Erwerbstätigkeit schaffen, richten sich ebenso an diejenigen, die kein traditionelles Familienleben führen.[133] Kernaspekt ist dennoch die Vereinbarkeit von Beruf und Familie, weil Frauen und Männer heute Verantwortung im Arbeitsleben und zuhause übernehmen wollen.[134]

Die nachfolgend angesprochenen Fördermaßnahmen können selbstverständlich genauso von Männern in Anspruch genommen werden. Aufgrund der unter Punkt 2.1 beschrie-

---

[128] Vgl. § 8 Satz 1 BGleiG, § 2 Satz 2 SächsFFG und BMFSFJ (2005a), S. 370.
[129] Vgl. Heiß, M. (2011), S. 31.
[130] Vgl. Schneider, B. (2011), S. 74.
[131] Vgl. Heiß, M. (2011), S. 32.
[132] Vgl. Welpe, In., Schmeck, M. (2003), S. 68.
[133] Vgl. Bröckermann, R. (2012), S. 20.
[134] Vgl. Vgl. BDEW/BMFSFJ (2012), S. 4.

benen Rollenverteilung stellen sie aber in der Praxis eine wesentliche Möglichkeit der Frauenförderung dar.

5.2.1 Themenfeld Work-Life-Balance

Mit Maßnahmen zur Work-Life-Balance sollen die Potenziale der Mitarbeiter unter Berücksichtigung ihrer privaten sozialen, kulturellen und gesundheitlichen Anforderungen optimal genutzt werden.[135] Je nach Adressatengruppe können unterschiedliche Ziele verfolgt werden:[136]

- Vereinbarung beruflicher und privater Zeitbedarfe für die Betreuung von Kindern oder Familienangehörigen,
- Erhalt der Leistungsfähigkeit insbesondere bei älteren Arbeitnehmern,
- Verringerung von Zeitnot und Leistungsdruck bei Führungskräften.

Ein Weg ist die Flexibilisierung der Arbeitszeit durch Verkürzung oder Arbeitszeitverlagerung.[137]

Von Teilzeit wird gemäß Definition des Teilzeit- und Befristungsgesetzes (TzBfG) gesprochen, wenn die regelmäßige Wochenarbeitszeit eines Arbeitnehmers kürzer ist als die eines vergleichbaren vollzeitbeschäftigten Arbeitnehmers.[138] Wie Abschnitt 2.1 gezeigt hat, arbeiten häufig Frauen in Niedriglohnberufen in Teilzeit. Dieses Modell wird aber auch von Beschäftigten mit qualifizierten Tätigkeiten und von Führungskräften nachgefragt.[139] Wird die Teilzeit dabei als sogenannte reduzierte Vollzeit mit einem Umfang von 70 bis 80 % der Vollarbeitszeit durchgeführt, können die Beschäftigten besser auf qualifizierten Arbeitsplätzen gehalten werden.[140]

Gleitzeitmodelle, bei denen die Mitarbeiter die Lage der Arbeitszeit ganz oder teilweise selbst bestimmen, eröffnen die Möglichkeit, wochentags private Termine wahrnehmen zu können.[141] Jahresarbeitszeitkonten, bei denen die Regelarbeitszeit für ein Kalenderjahr festgelegt wird, erlauben größere Zeiten der Abwesenheit in Phasen mit weniger

---

[135] Vgl. BMFSFJ (2005b), S. 4.
[136] Vgl. BMFSFJ (2005b), S. 14.
[137] Vgl. Beiten, M. (2005), S. 27.
[138] Vgl. § 1 Abs. 1 S. 1 TzBfG.
[139] Vgl. Stalder, B. (1997), S. 150, BDEW/BMFSFJ (2012), S. 12.
[140] Vgl. BDEW/BMFSFJ (2012), S. 11.
[141] Vgl. Bröckermann, R. (2012), S. 148.

Arbeit, wenn bei saisonbedingter Mehrarbeit Stunden angesammelt wurden.[142] Weiterhin kann bei Schichtarbeit durch Mitspracherecht der Beschäftigten bei der Dienstplangestaltung auf deren Belange Rücksicht genommen werden.[143]

Weitere Chancen liegen in der Flexibilisierung des Arbeitsortes. Telearbeit wird mit Hilfe von Kommunikationsmitteln wie Computer oder Telefon an einem Ort außerhalb der Betriebsstätte durchgeführt.[144] Bei diesem Arbeitsort kann es sich sowohl um die Wohnung als auch um vom Unternehmen angemietete Räumlichkeiten am Wohnort des Mitarbeiters handeln. Die Arbeit muss dabei nicht ausschließlich fernab der Betriebsstätte durchgeführt werden. Von alternierender Telearbeit wird gesprochen, wenn zu Hause und im Betrieb identische Arbeitsplätze eingerichtet werden:[145] Der Mitarbeiter arbeitet je nach Erfordernis an einem der beiden Orte. Selbst mit einfachen Maßnahmen, wie der Investition in Notebooks, die die Beschäftigten mit nach Hause nehmen können, lässt sich die Flexibilität deutlich erhöhen.[146]

Abschließend soll die betriebliche Gesundheitsförderung als Baustein für eine ausgeglichene Work-Life-Balance betrachtet werden. Die Gesundheit der Beschäftigten ist für das Unternehmen sowohl hinsichtlich ihrer körperlichen Arbeitskraft als auch in Bezug auf die psychische Belastbarkeit von Bedeutung.[147] Die betriebliche Gesundheitsförderung erstreckt sich nicht nur auf den Arbeitsbereich, sondern bezieht zusätzlich das private Umfeld der Beschäftigten ein.[148] Zur betrieblichen Gesundheitsförderung zählen neben der Aufklärung und Information sowie der Einhaltung bestimmter Arbeitsschutzstandards auch Maßnahmen zur Gesundheitsprävention, Angebote von Betriebssportgemeinschaften oder die Bereitstellung von Verpflegung.[149] Diese Leistungen können dem Arbeitnehmer nach § 3 Nr. 34 EStG bis zu 500 Euro im Jahr steuerfrei gewährt werden.

---

[142] Vgl. Beiten, M. (2005), S. 31.
[143] Vgl. BDEW/BMFSFJ (2012), S. 15.
[144] Vgl. Bröckermann, R. (2012), S. 137.
[145] Vgl. Beiten, M. (2005), S. 42.
[146] Vgl. Stoecker, D., Galiläer, L. (2008), S. 42.
[147] Vgl. Bröckermann, R. (2012), S. 293.
[148] Vgl. Wellmann, H. (2012), S. 11.
[149] Vgl. Bröckermann, R. (2005), S. 294 ff.

5.2.2 Themenfeld Familienfreundlichkeit

Die unter Punkt 5.2.1 vorgestellte Flexibilisierung der Arbeitszeit bietet dem Unternehmen verschiedene Alternativen, auf die Bedürfnisse von Beschäftigten einzugehen, die Kinder haben. Einige davon werden nun kurz vorgestellt.

Telearbeitsplätze ermöglichen es dem Mitarbeiter, während der Elternzeit den Kontakt zum Unternehmen zu pflegen und seine Kenntnisse und Fertigkeiten in Bezug auf die Tätigkeit auf dem neuesten Stand zu halten.[150] Weiterhin kann zur Wiedereingliederung nach der Elternzeit Teilzeit, beispielsweise in Form von stufenweiser Anhebung der Arbeitszeit, vereinbart werden.[151] Durch Gleitzeitmodelle können die Beschäftigten ihre Arbeitszeit so wählen, dass die Öffnungszeiten von Kinderbetreuungseinrichtungen berücksichtigt werden.[152] Die Betreuung von größeren Kindern oder Familienangehörigen lässt sich häufig mit der Erledigung von Arbeitsaufgaben verbinden, zum Beispiel während der Mittagsruhe oder wenn die Kinder selbstständig spielen, so dass Home Offices Vorteile bringen.

Da die Kinderbetreuung für Familien häufig problematisch ist, ergeben sich hier Chancen für eine Unterstützung durch den Arbeitgeber. Diese reichen von betriebseigenen Kindertageseinrichtungen über den Erwerb von Belegplätzen in Kinderkrippen und –gärten in der Nähe des Arbeitsortes bis zur Einrichtung von speziellen Eltern-Kind-Büros, so dass die Mitarbeiter im Notfall ihr Kind mit zur Arbeitsstelle bringen können.[153]

Neben konkreten Kinderbetreuungsangeboten gibt es die Möglichkeit, Familien finanziell durch einen Kinderbetreuungszuschuss zu unterstützen. Dieser ist für den Arbeitgeber steuer- und sozialabgabenfrei, wenn das Kind jünger als sechs Jahre beziehungsweise noch nicht schulpflichtig ist.[154] Das Rechenbeispiel in Tabelle 5 vergleicht den finanziellen Vorteil für Arbeitnehmer und Arbeitgeber mit einer Gehaltszulage in gleicher Höhe.

---

[150] Vgl. Beiten, M. (2005), S. 95.
[151] Vgl. Beiten, M. (2005), S. 33.
[152] Vgl. Sprachmann, K. (2005), S. 84.
[153] Vgl. Bröckermann, R. (2012), S. 305 f.
[154] Vgl. Stoecker, D., Galiläer, L. (2008), S. 43.

Tabelle 5: Vergleich von Gehaltserhöhung und Kinderbetreuungszuschuss

Ausgangslage: Steuerklasse III, ein Kind, keine Kirchensteuer, Krankenversicherung 13,8 %		
Alle Angaben in Euro	Gehaltserhöhung	Kinderbetreuungs-zuschuss
Brutto	2.280	2.280
Gehaltserhöhung	120	
Brutto	**2.400**	**2.280**
Lohnsteuer/Solidaritätszuschlag	114	90
Sozialversicherung		
Arbeitgeberanteil	498	473
Arbeitnehmeranteil	520	494
Kinderbetreuungszuschuss		120
Netto	**1.766**	**1.816**
Personalaufwand Arbeitgeber	2.898	2.873
Vorteil Arbeitgeber		**25**
Vorteil Arbeitnehmer		**50**

Quelle: in Anlehnung an Stoecker, D., Galiläer, L. (2008), S. 44

Im Rahmen der Kommunikationspolitik des Unternehmens gilt es, das Verständnis für Beschäftigte mit Familie zu vertiefen. Ohne entsprechende Information kann eine familienbewusste Personalpolitik scheitern. Grundlage einer erfolgreichen Kommunikation ist die Verankerung der Gleichstellungspolitik in den Unternehmensleitlinien.[155] Unternehmen können eine Gleichstellungsbeauftragte berufen, die in Anlehnung an das Bundesgleichstellungsgesetz im Betrieb für den Abbau von geschlechtsspezifischen Benachteiligungen zuständig ist.[156] Sie fungiert als Ansprechpartnerin für Mitarbeiter und Führungskräfte und kann bei Fragen zur Vereinbarkeit von Beruf und Familie beratend und unterstützend tätig sein. Des Weiteren sind einzelfallspezifische Informationen denkbar, wie beispielsweise Informationspakete zur Pflege von Angehörigen oder zur Familiengründung.[157] Die Mitarbeiter können sich im Unternehmen informieren und einen ersten Überblick über das Thema erhalten, ehe sie bei den zuständigen Stellen umfassend beraten werden.

[155] Vgl. Beiten, M. (2005), S. 46.
[156] Vgl. Beiten, M. (2005), S. 52.
[157] Vgl. Beiten, M. (2005), S. 47, BDEW/BMFSFJ (2012), S. 23.

5.3 Frauenförderungsmaßnahmen in der Personalentwicklung

Wie die Ausführungen unter Punkt 2 gezeigt haben, sind Frauen hauptsächlich im Management unterrepräsentiert. Deshalb kommt der Frauenförderung in der Personalentwicklung eine besondere Bedeutung zu. Weibliche Führungskräfte können sich kaum an Rollenvorbildern orientieren, da die Führungspositionen meist von Männern besetzt werden und die daraus resultierenden männlich geprägten Beziehungsmuster für Frauen nicht geeignet sind.[158] Daneben fehlt den Frauen bei der Verwirklichung ihrer beruflichen Ziele häufig die Unterstützung aus dem privaten Umfeld.

Durch gezieltes Coaching können die Nachwuchsfrauen ein Bild von Führung entwickeln.[159] Coaching ist ein „Gesprächs-, Betreuungs-, Beratungs- und Entwicklungsangebot in beruflichen und persönlichen Fragen"[160]. Der Coach muss neben Fachwissen und sozialer Kompetenz auch persönliche Kompetenz aufgrund seines beruflichen und privaten Hintergrunds mitbringen. Obwohl sich Frauen anderen Frauen gegenüber leichter öffnen, ist der Einsatz von männlichen Coaches sinnvoll, damit die Frauen zum einen männliches Verhalten verstehen und zum anderen lernen, wie ihr Verhalten von Männern interpretiert wird.[161]

Während ein Coach eher von außen kommt und eine neutrale Beraterfunktion innehat, stammen Mentoren aus den Reihen des Unternehmens.[162] Mentoring läuft zwischen Personen unterschiedlicher Hierarchiestufen ab: Die Führungskraft aus dem eigenen Unternehmen gibt ihre Erfahrungen an den Nachwuchskandidaten weiter, fördert und berät ihn. Frauen können durch Mentoring wertvolle Kompetenzen erwerben und Zugang zu bestimmten Netzwerken erlangen. Hierbei muss darauf geachtet werden, dass männliche Mentoren entsprechende Genderkompetenz mitbringen.[163]

Weiterbildungsangebote, die sich explizit an Frauen richten, werden häufig kritisch wahrgenommen, wenn sie als Maßnahme zum Ausgleich weiblicher Defizite verstanden werden und so die Vorurteile gegenüber frauenspezifischen Kompetenzen bestätigen.[164] Da die Frauen letztlich in einem Kreis von männlichen Kollegen und Vorgesetzten

---

[158] Vgl. von Kutzschenbach, C. (2011), S. 80.
[159] Vgl. von Passavant, C. (1997a), S. 237.
[160] Bröckermann, R. (2012), S. 334.
[161] Vgl. von Passavant, C. (1997a), S. 240.
[162] Vgl. Schneider, B. (2011), S. 66.
[163] Vgl. Welpe, In., Schmeck, M. (2005), S. 130.
[164] Vgl. Schiersmann, C. (1997), S. 287.

agieren müssen, bieten sich solche Weiterbildungen nur ergänzend an, um Selbstsicherheit und Durchsetzungsvermögen in einem geschützten Kreis zu trainieren.

Unterstützung und Motivation erfahren Frauen in firmeninternen beziehungsweise externen Netzwerken. Informations- und Diskussionsforen bieten eine Plattform zum Austausch von Fachfragen, Erfahrungen und Meinungen. Bei formellen und informellen Anlässen im Unternehmen, wie zum Beispiel Festlichkeiten, bei denen Geschäftspartner eingeladen werden, können sie Kontakte knüpfen.[165] Das Management ist gefordert, entsprechende Rahmenbedingungen zu schaffen, die es den Frauen ermöglichen, bestehende Netzwerke zu nutzen und zu pflegen sowie eigene Netzwerke zu bilden.[166]

Durch Kooperationen mit Karrierenetzwerken und Hochschulen haben die Unternehmen nicht nur die Möglichkeit, qualifizierte weibliche Nachwuchskräfte anzusprechen. Der Transfer zwischen Wissenschaft und Wirtschaft dient ebenso der Förderung der Beschäftigten, die einerseits auf dem aktuellen Wissensstand bleiben und andererseits ihre praktischen Erfahrungen weitergeben können.

Richten sich die beschriebenen Maßnahmen hauptsächlich an Spezialisten und den Führungsnachwuchs, so gibt es doch auf allen Hierarchieebenen Möglichkeiten, Frauen zu unterstützen. Wesentliches Instrument sind dabei Teamentwicklungsmaßnahmen. Sie helfen durch Bilden von gemeinsamen Normen und Werten, die gegenseitigen Rollenerwartungen in Arbeitsgruppen abzuklären, und verbessern die Kommunikation zwischen Männern und Frauen.[167] Dadurch können Konflikte schneller gelöst und innovative Lösungen für Probleme gefunden werden.

Für niedriger qualifizierte Tätigkeiten kann durch Job Enlargement und Job Enrichment Bedarf an zusätzlichen beziehungsweise höherwertigen Qualifikationen geschaffen werden.[168] Job Enlargement meint das Zusammenfassen von gleichwertigen Tätigkeiten, Job Enrichment die Erweiterung um vorgelagerte und nachgelagerte Arbeitsschritte. Beide Formen der Arbeitsstrukturierung erweitern die Möglichkeiten zum selbstständigen Handeln, zum Planen und Entscheiden, so dass die Anforderungen vielfältiger werden. Dies ist unter Berücksichtigung der unter Punkt 4.1.5 beschriebenen

---

[165] Vgl. Stalder, B. (1997), S. 153.
[166] Vgl. Fetz, A., Orendi, B. (1997), S. 211.
[167] Vgl. Bühlmann, B. (1997), S. 193.
[168] Vgl. Bröckermann, R. (2012), S. 338.

Intersektionalität für bestimmte Zielgruppen wie Frauen mit Migrationshintergrund, interessant.[169]

6 Konzept und Methodik der empirischen Erhebung

In diesem Abschnitt werden die Grundlagen der empirischen Erhebung dargelegt. Im Gegensatz zur qualitativen Forschung, die die persönliche Sichtweise der Befragten zum Inhalt hat, eignen sich quantitative Forschungsmethoden wie die Befragung im Rahmen dieser Studie besonders dazu, maßgebliche Zusammenhänge zwischen verschiedenen Variablen zu ermitteln und daraus allgemeingültige Regeln abzuleiten.[170]

Nachfolgend werden neben der Zielsetzung der Befragung die Konzeption des Fragebogens und die Durchführung der Befragung erläutert.

6.1 Hypothesen und Zielsetzung

Die Befragung soll zunächst einen Überblick über die Frauenförderung in der Energiewirtschaft geben und klären, inwieweit Maßnahmen zur Unterstützung weiblicher Beschäftigter zum Einsatz kommen. Weiterhin können aus den bisher geschilderten theoretischen Überlegungen nachstehende Hypothesen formuliert werden, die der empirischen Untersuchung zugrunde liegen.

Die niedrige Beschäftigungsquote von Frauen in der Energiewirtschaft deutet darauf, dass Frauenförderung in der Branche keine Rolle spielt. Ausgehend von der Zielsetzung des Gender Diversity stellt sich die Frage, ob Frauenförderung tatsächlich einen Einfluss auf den Anteil weiblicher Beschäftigter in einem Energieversorgungsunternehmen hat. Daraus lässt sich diese Annahme ableiten:

- Hypothese 1: Wenn Frauenförderung in Energieversorgungsunternehmen betrieben wird, erhöht sich der Anteil an weiblichen Beschäftigten.

Insbesondere im Management von Energieversorgern sind Frauen unterrepräsentiert. Im Zusammenhang mit der Personalentwicklung lässt sich deshalb folgende Hypothese aufstellen:

---

[169] Vgl. Stalder, B. (1997), S. 155.
[170] Vgl. Raithel, J. (2006), S. 8.

- Hypothese 2: Wenn Frauenförderungsmaßnahmen in der Personalentwicklung eingesetzt werden, erhöht sich der Anteil an weiblichen Führungskräften in Energieversorgungsunternehmen.

Frauen stehen aufgrund des Rollenverständnisses häufig vor der Herausforderung, ihr Engagement für Familie und Beruf in Einklang zu bringen. Daher soll in dieser Studie untersucht werden, ob Maßnahmen, die auf Familienfreundlichkeit und eine ausgeglichene Work-Life-Balance abzielen, einen Einfluss auf den Anteil weiblicher Beschäftigter hat. Dies erlaubt die Formulierung folgender Hypothese:

- Hypothese 3: Maßnahmen zur Steigerung der Familienfreundlichkeit und zum Ausgleich der Work-Life-Balance erhöhen den Anteil weiblicher Beschäftigter in Energieversorgungsunternehmen.

Weiterhin soll untersucht werden, warum so wenige Frauen in der Energiewirtschaft arbeiten. Die Energiewirtschaft ist eine technisch geprägte Branche. Ausgehend vom Rollenverständnis und der größeren Affinität von Männern zu Technik lässt dies den Schluss zu, dass Frauen für eine Tätigkeit bei einem Energieversorger nicht ausreichend qualifiziert sind. Folgende Hypothese ergibt sich aus diesen Überlegungen:

- Hypothese 4: Wenn Frauen über einen technischen Hintergrund verfügen, haben sie bessere Chancen in der Energiewirtschaft.

Die Energiewende und die damit verbundenen vielfältigen Aufgaben sowie der zunehmende Fachkräftemangel in Deutschland stellen neue Anforderungen an das Personalmanagement der Energieversorgungsunternehmen. Deshalb soll der Fragestellung nachgegangen werden, ob die Unternehmen Frauen als Potenzial erkennen. Daraus resultiert nachstehende Hypothese:

- Hypothese 5: Energieversorger, die sich des Problems des Fachkräftemangels bewusst sind, wollen sich die weibliche Arbeitskräftereserve erschließen.

Um diese Hypothesen zu untersuchen, wird eine quantitative Befragung mit Hilfe eines standardisierten Fragebogens unter Energieversorgungsunternehmen durchgeführt.

6.2 Konzeption des Fragebogens

Bei der vorliegenden Befragung handelt es sich um eine monothematische Befragung,[171] da von den Energieversorgern Angaben zur Frauenförderung und den einzelnen Instrumenten abgefragt werden. Diese Angaben sind, wie unter Punkt 5 herausgearbeitet wurde, eindeutig voneinander abzugrenzen, womit eine wesentliche Bedingung für die qualitative Forschung erfüllt ist.[172] Die erhobenen Daten sind vergleichbar und quantifizierbar. Sie können statistisch, beispielsweise durch das Zählen von Antworthäufigkeiten, ausgewertet werden.[173] Induktiv werden anschließend über die Interpretation des Datenmaterials[174] Rückschlüsse auf den Einfluss von Frauenförderungsinstrumenten auf die Beschäftigungssituation von Frauen gezogen und Handlungsalternativen aufgezeigt.

Unter der Überschrift „Befragung von Energieversorgungsunternehmen zu Gender Diversity“ werden die Befragten über das Anliegen der Erhebung, den Aufbau des Fragebogens sowie wichtige Informationen wie Bearbeitungszeit, Abgabetermin und Vertraulichkeit unterrichtet.[175] Die Kontaktdaten für eventuelle Rückfragen sowie ein Dank für die Teilnahme runden die Einleitung ab.

Der Fragebogen muss sorgfältig konzipiert werden, weil die Befragten keine Möglichkeit haben, Verständnisfragen zu stellen.[176] Deshalb wurde der Fragebogen, der vollständig als Anhang A beigefügt ist, in folgende fünf Komplexe gegliedert:

Teil A: Allgemeine Angaben

Teil B: Die Beschäftigungssituation von Frauen im Unternehmen

Teil C: Angaben zur Frauenförderung

Teil D: Einschätzungen zum Fachkräftemangel und zur Personalpolitik in der Energiewende

Teil E: Angaben zum Absender

---

171 Vgl. Scholl, A. (2009), S. 61.
172 Vgl. Scholl, A. (2009), S. 22.
173 Vgl. Mayer, H. O. (2008), S. 58.
174 Vgl. Scholl, A. (2009), S. 144.
175 Vgl. Porst, R. (2011), S. 34.
176 Vgl. Scholl, A. (2009), S. 45.

Teil A des Fragebogens enthält drei Fragen, die der Klassifizierung der befragten Energieversorger nach der Unternehmensgröße dienen. Außerdem wird abgefragt, ob die Unternehmen zur öffentlichen Hand zählen, eine Angabe, die vor dem in Abschnitt 3 dargestellten rechtlichen Hintergrund für öffentliche Verwaltungen von Bedeutung ist.

Bei den Fragen handelt es sich um geschlossene Fragen mit mehreren Antwortmöglichkeiten, aus denen der Befragte die für ihn zutreffende Antwort aussucht.[177] Ein Beispiel ist in Abbildung 9 dargestellt. Dieser Fragetypus wird auch in den weiteren Teilen des Fragebogens verwendet, da die Antworten vergleichbar sind und bei der Auswertung in Werten, zum Beispiel als Anzahl oder Prozentanteil, größere Objektivität gegeben ist.

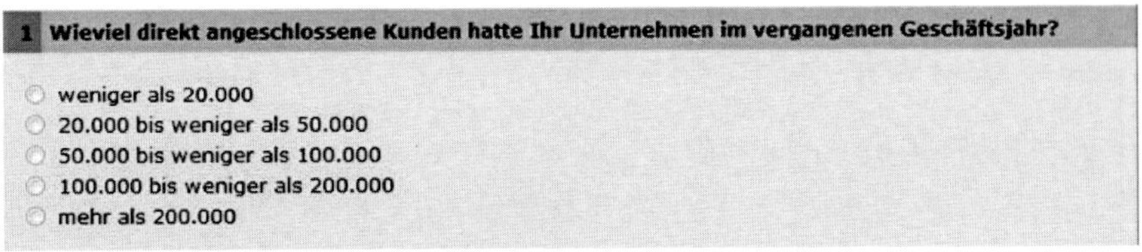
1 Wieviel direkt angeschlossene Kunden hatte Ihr Unternehmen im vergangenen Geschäftsjahr?

- weniger als 20.000
- 20.000 bis weniger als 50.000
- 50.000 bis weniger als 100.000
- 100.000 bis weniger als 200.000
- mehr als 200.000

Abbildung 9: Geschlossene Frage mit Einfachnennung
Quelle: eigene Erstellung mit Hilfe von www.q-set.de

In Teil B wird die Beschäftigungssituation von Frauen in den Unternehmen abgefragt. Dabei wird der Anteil von Frauen im gesamten Unternehmen, unter den Führungskräften und in bestimmten, für Energieversorger typischen Abteilungen untersucht.

Für die Bestimmung der Frauenquote im Gesamtunternehmen und unter den Führungskräften wurde eine Skala verwendet, die von „weniger als 10 %" in Intervallen von 10 Prozent bis zu „mehr als 50 %" reicht. Es wurde bewusst darauf verzichtet, im Bereich von mehr als 50 Prozent weiter in Zehnerschritten vorzugehen, da die in Abschnitt 2 geschilderten Frauenquoten darauf schließen lassen, dass hier keine sinnvollen Ergebnisse zustande kommen werden. Außerdem könnte eine zu fein gegliederte Skala auf die Befragten abschreckend wirken. Die Angaben zur Frauenquote des Gesamtunternehmens und unter den Führungskräften sind essentiell für diese Studie, deshalb wurde auf eine Fluchtkategorie verzichtet.

Aufgrund der im Theorieteil ausgeführten Besonderheiten bei der Berufswahl von Männern und Frauen kann unterstellt werden, dass es Bereiche gibt, in denen die Frauenquote besonders hoch ist. Somit wurde bei der Angabe der Frauenquoten für die

[177] Vgl. Raithel, J. (2006), S. 68.

einzelnen Tätigkeitsbereiche in den Unternehmen eine Skala mit zehn Intervallen à zehn Prozent gewählt. Allerdings wurde hier bewusst darauf verzichtet, eine Kategorie „keine Frauen“ zu bilden, damit sich die Teilnehmer nicht unnötig unter Druck gesetzt fühlen und die Befragung vorzeitig abbrechen.[178] Die kleinste Kategorie ist deshalb „weniger als 10 %“. Eine daraus resultierende Unschärfe wird in Kauf genommen und ist vernachlässigbar, da die Befragung keinen Anspruch auf einhundertprozentige Repräsentativität erhebt. Um einer eventuell abschreckenden Wirkung des auf den ersten Blick komplex erscheinenden Antworttableaus dieser Frage entgegenzusteuern und für den Fall, dass es die Befragten als zu aufwändig einschätzen, die Quoten für die einzelnen Tätigkeitsbereiche zu ermitteln, wurde den Befragten eine Kategorie „keine Angabe“ angeboten. Diese kann gleichzeitig von den Energieversorgern genutzt werden, die bestimmte Tätigkeitsbereiche nicht im Unternehmen vorhalten.

Außerdem sollen die Befragten angeben, warum ihrer Ansicht nach so wenige Frauen in der Energiewirtschaft tätig sind. Um diese Einschätzung zu erfassen, die auf den subjektiven Überlegungen der Teilnehmer beruht und somit ihre persönliche Meinung widerspiegelt, wird eine Rating-Skala wie die in Abbildung 10 eingesetzt.[179] Sie ermöglicht es den Befragten, die von ihnen wahrgenommene Ausprägung des Merkmals zu bestimmen.[180]

7 Die Energiewirtschaft zählt neben dem Baugewerbe und dem Bergbau zu den drei Branchen mit den niedrigsten Frauenquoten. Warum arbeiten Ihrer Ansicht nach so wenige Frauen in der Energiewirtschaft?

	trifft voll zu	trifft überwiegend zu	trifft überwiegend nicht zu	trifft überhaupt nicht zu	weiß nicht
Frauen fehlt eine technische Ausbildung/ein Ingenieursstudium	○	○	○	○	○

Abbildung 10: Rating-Skala
Quelle: eigene Erstellung mit Hilfe von www.q-set.de

Damit die Befragten eine Entscheidung fällen müssen, wurde eine gerade Skala mit vier Stufen gewählt, bei der die Bedeutung der Skalenpunkte durch Beschreibungen den Befragten vorgegeben wird. Vier Stufen sind speziell bei solchen Skalen sinnvoll, da die Verbalisierung bei größeren Skalenbreiten häufig nicht zweckmäßig getroffen

[178] Vgl. Scholl, A. (2009), S. 240.
[179] Vgl. Scholl, A. (2009), S. 148.
[180] Vgl. Mayer, H. O. (2008), S. 83.

werden kann.[181] Durch die gerade Stufenanzahl können sich die Befragten nicht für die mittlere Kategorie entscheiden, wenn sie keine Meinung haben oder nicht antworten möchten.[182] Damit die Befragten nicht gezwungen sind, eine inhaltliche Antwort zu geben, wenn sie keine Meinung äußern wollen, enthält die Fragestellung eine „weiß nicht“-Kategorie. Dadurch wird verhindert, dass erzwungene Antworten das Bild verfälschen.[183]

Teil C beschäftigt sich mit Angaben zur Frauenförderung. Hier werden zum einen allgemeine Angaben zur Frauenförderung abgefragt um herauszufinden, welche Bedeutung die Frauenförderung in den befragten Unternehmen hat. Zum anderen wird erforscht, welche konkreten Frauenförderungsinstrumente die Teilnehmer bereits nutzen beziehungsweise sie deren Einsatz planen. Ein zusätzliches Eingabefeld ermöglicht es den Befragten, Instrumente zu ergänzen, die unter den vorgegebenen Antwortalternativen fehlen. Obwohl mit Filterfragen sparsam umgegangen werden sollte, da sie die Anzahl an Antworten für die gefilterten Fragen reduzieren,[184] wurden sie in diesem Abschnitt in der Befragung eingesetzt, um gezieltere Erkenntnisse zu gewinnen. Abbildung 11 zeigt ein Beispiel für eine Filterfrage.

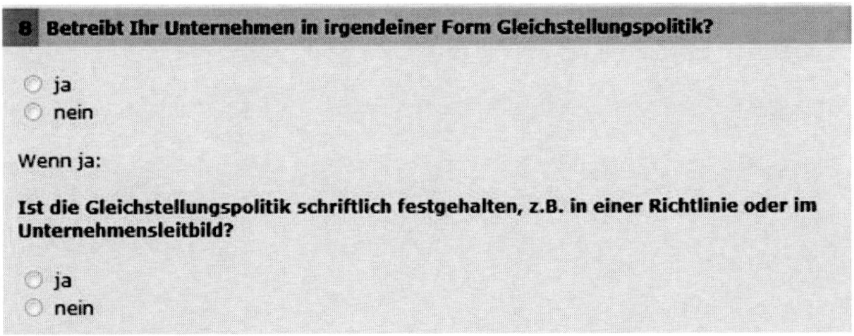
8 Betreibt Ihr Unternehmen in irgendeiner Form Gleichstellungspolitik?

- ja
- nein

Wenn ja:

Ist die Gleichstellungspolitik schriftlich festgehalten, z.B. in einer Richtlinie oder im Unternehmensleitbild?

- ja
- nein

Abbildung 11: Filterfrage

Quelle: eigene Erstellung mit Hilfe von www.q-set.de

In Teil D sollen die Befragten einschätzen, welche Auswirkungen der Fachkräftemangel und die Energiewende aus dem Blickwinkel der Frauenförderung auf die Personalpolitik haben. Für diese Einschätzungsfragen wurden wiederum Rating-Skalen eingesetzt.

---

[181] Vgl. Porst, R. (2011), S. 85.
[182] Vgl. Porst, R. (2011), S. 81.
[183] Vgl. Raithel, J. (2006), S. 74.
[184] Vgl. Raithel, J. (2006), S. 71.

Ergänzend werden durch geschlossene Fragen mit Einfach- beziehungsweise Mehrfachnennung und durch halboffene Hybridfragen die Voraussetzungen für eine verstärkte Beschäftigung von Frauen abgeklärt. Bei halboffenen Hybridfragen, wie in Abbildung 12 illustriert, können die Befragten eigene Antworten eintragen, wenn diese nicht unter den Auswahlmöglichkeiten vorhanden sind.[185]

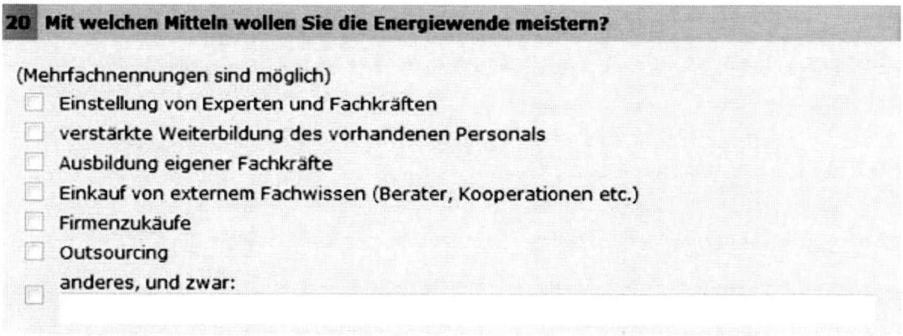
20 Mit welchen Mitteln wollen Sie die Energiewende meistern?

(Mehrfachnennungen sind möglich)
- ☐ Einstellung von Experten und Fachkräften
- ☐ verstärkte Weiterbildung des vorhandenen Personals
- ☐ Ausbildung eigener Fachkräfte
- ☐ Einkauf von externem Fachwissen (Berater, Kooperationen etc.)
- ☐ Firmenzukäufe
- ☐ Outsourcing
- ☐ anderes, und zwar:

Abbildung 12: Hybridfrage mit Mehrfachnennung
Quelle: eigene Erstellung mit Hilfe von www.q-set.de

Abschließend werden in Teil E Fragen zum Absender gestellt. Diese Fragen wurden am Ende des Fragebogens platziert, da sie für den Befragten einfach aber uninteressant sind. Werden solche Fragen zu Beginn der Befragung gestellt, führen sie häufig dazu, dass die Befragten die Teilnahme abbrechen.[186] Neben einer abschließenden Dankesformel wird den Teilnehmern am Ende der Befragung Raum für ihre Anmerkungen gegeben.[187] Gerade bei einem standardisierten Fragebogen, der nur wenig Platz für die eigene Entfaltung lässt, stellt dies eine Wertschätzung seitens des Interviewers dar und zeigt sein Interesse an der Meinung der Befragten.

6.3 Durchführung und Ablauf der Befragung

Die schriftliche Befragung wird mittels eines webbasierten Fragebogens über die Plattform des Anbieters q-set.de durchgeführt.[188] Die Erhebung wird nur einmalig durchgeführt, deswegen handelt es sich um eine Querschnittsbefragung.[189] Durch die unkomplizierte und intuitive Bearbeitung stehen die Befragten dieser modernen, elektronischen

---

[185] Vgl. Mayer, H. O. (2008), S. 92.
[186] Vgl. Porst, R. (2011), S. 143.
[187] Vgl. Porst, R. (2011), S. 157.
[188] Vgl. www.q-set.de.
[189] Vgl. Raithel, J. (2006), S. 48.

Form des Fragebogens offener gegenüber als der klassischen Form auf Papier, die zudem noch per Post zurückgeschickt werden muss.[190] Die Befragten erfassen ihre Antworten selbst, die anschließend heruntergeladen und ausgewertet werden können. Fehler beim Übertragen der Daten in ein Auswertungsprogramm entfallen.

Um den Aufbau des Fragebogens und die Verständlichkeit der Fragen zu beurteilen sowie die Bearbeitungsdauer festzustellen,[191] wurden sechs Pretests unter kaufmännischen Mitarbeitern von Energieversorgungsunternehmen und unter Personalfachkräften aus anderen Branchen durchgeführt. Durch die Pretests ergaben sich geringfügige Modifikationen, die in den endgültigen Fragebogen eingearbeitet wurden. Als Bearbeitungszeit wurden zehn bis 15 Minuten ermittelt.

Die Nutzung eines internetgestützten Fragebogens ermöglicht es, Energieversorger aus dem gesamten Bundesgebiet zu befragen. Dazu wurde zunächst die Gesamtmenge aller möglichen Adressaten ermittelt, die als Grundgesamtheit bezeichnet wird.[192] Auf dem deutschen Markt sind gemäß dem Vergleichsportal verivox.de 1.240 Strom- und Gasanbieter tätig.[193] Diese bilden die Grundgesamtheit für diese Befragung.

Die Stichprobe sollte bei einer standardisierten Befragung zwischen 50 und 2.500 Zielpersonen liegen.[194] Für diese Studie wird aus forschungsökonomischen Gründen eine Stichprobe von 300 Energieversorgern gewählt. Die Unternehmen könnten die Teilnahme an der Befragung ablehnen, so dass die Rücklaufquote gering ist,[195] insbesondere da das Thema Frauenförderung in den Medien kontrovers diskutiert wird. Deshalb wird ein Rücklauf von 5 % bis 15 % unterstellt, so dass zwischen 15 und 45 Antworten in die Auswertung eingehen könnten. Um sicherzustellen, dass die Stichprobe ein treffendes Bild der Grundgesamtheit wiedergibt, wurde sie über eine systematische Zufallsauswahl mit Startzahl und Intervall ermittelt.[196] Ansprechpersonen in den Unternehmen waren vor allem Personalleiter und Mitarbeiter des Personalwesens sowie Geschäftsführer.

Die ausgewählten Unternehmen erhielten den Zugang zur webbasierten Befragung per E-Mail. Aufgrund der Komplexität des Fragebogens wurde ihnen ein Zeitrahmen von vier Wochen für die Beantwortung gegeben. So konnten die Befragten über die Antwor-

---

[190] Vgl. Scholl, A. (2009), S. 53.
[191] Vgl. Mayer, H. O. (2008), S. 98.
[192] Vgl. Mayer, H. O. (2008), S. 60.
[193] Vgl. www.verivox.de (Stand 01.12.2012).
[194] Vgl. Scholl, A. (2009), S. 79.
[195] Vgl. Scholl, A. (2009), S. 45.
[196] Vgl. Mayer, H. O. (2008), S. 61.

ten nachdenken und sich gegebenenfalls Informationen beschaffen. Die Unternehmen, die eine Woche vor Ablauf der Bearbeitungsfrist noch nicht geantwortet hatten, bekamen eine Erinnerung per E-Mail.

7 Auswertung der empirischen Ergebnisse

Aufgrund der geringen Größe der Grundgesamtheit und der daraus gezogenen Stichprobe kann die vorliegende Befragung keinen Anspruch auf einhundertprozentige Repräsentativität erheben.[197] Auf den Einsatz der induktiven Statistik wird deshalb verzichtet. Die Auswertung der Fragebögen erfolgt mittels deskriptiver Statistik. Die Beschäftigungssituation von Frauen und die Frauenförderung in Energieversorgungsunternehmen werden im Wesentlichen beschrieben.[198] In Bezug auf die aufgestellten Hypothesen erfolgt eine Ableitung von Trends.

7.1 Struktur der befragten Energieversorger

Insgesamt wurden 300 Strom- und Gasversorger angeschrieben. 29 Unternehmen aus ganz Deutschland haben den Fragebogen vollständig ausgefüllt, das entspricht einer Beteiligung von 9,7 %. Die Quote passt dabei zum Rücklauf von ca. 10 %, der bei solchen Befragungen üblich ist. 28 % haben ihren Unternehmenssitz in den neuen Bundesländern, 72 % in den alten Bundesländern. Soweit die Befragten ihre Kontaktdaten angegeben haben, ist ersichtlich, dass sowohl Männer als auch Frauen zu etwa gleichen Teilen an der Befragung teilgenommen haben.

In der Energiewirtschaft wird die Unternehmensgröße häufig an der Anzahl der versorgten Kunden festgemacht.[199] Nach den in Anhang B dargestellten Antworten versorgen fast 40 % der Befragten weniger als 20.000 Kunden, 28 % versorgen zwischen 20.000 und 50.000 Kunden und 17 % haben 50.000 bis 100.000 Kunden. Fünf Unternehmen, das entspricht 17 %, beliefern mehr als 100.000 Kunden mit Energie.

Abbildung 13 veranschaulicht diese Einordnung, die sich vergleichbar in der vom BDEW und der Wirtschaftsprüfungsgesellschaft Ernst & Young durchgeführten Stadtwerkestudie 2012 wiederfindet.[200]

---

[197] Vgl. Raithel, J. (2006), S. 59.
[198] Vgl. Raithel, J. (2006), S. 8 f.
[199] Vgl. § 7 Abs. 2 EnWG, diverse Publikationen der BNetzA, www.bundesnetzagentur.de.
[200] Vgl. Ernst & Young (Hrsg.) (2012), S. 7.

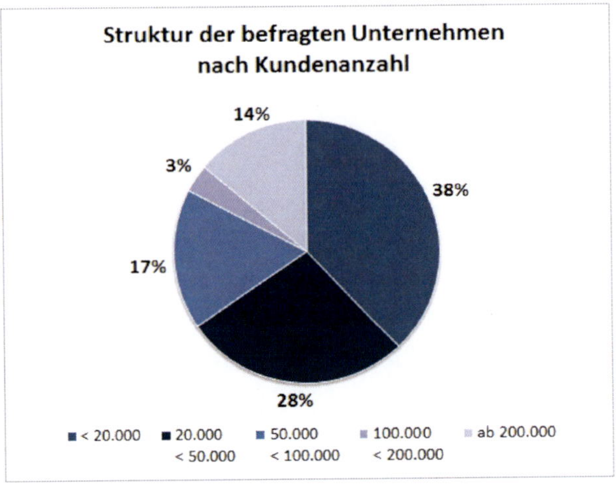

Abbildung 13: Struktur der befragten Unternehmen nach Kundenanzahl
Quelle: eigene Erstellung

Im Kontext dieser Studie ist es jedoch zweckmäßiger, die Größe der Unternehmen an der Anzahl der Beschäftigten festzumachen. Diese reicht bei den Teilnehmern vom kleinen kommunalen Versorger mit sechs Beschäftigten bis zum breit aufgestellten Energiekonzern mit über 3.000 Mitarbeitern.

Wenn nachstehend eine größenabhängige Auswertung vorgenommen wird, liegt die folgende, in Abbildung 14 gezeigte Struktur zugrunde:

- kleine Energieversorger mit weniger als 100 Mitarbeiter
- mittlere Energieversorger mit zwischen 100 und 500 Mitarbeitern
- große Energieversorger mit mehr als 500 Mitarbeitern

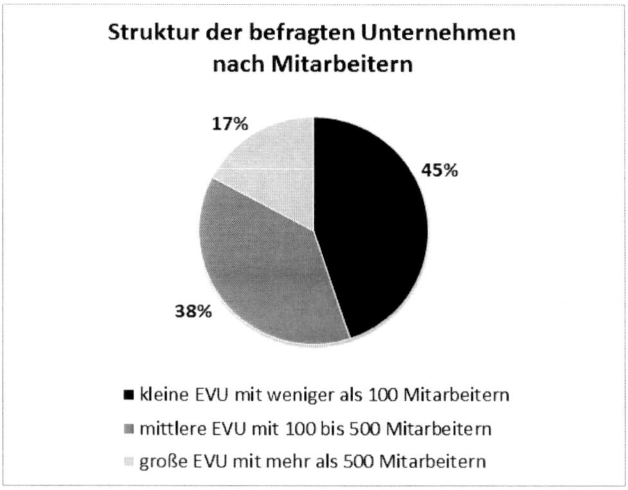

Abbildung 14: Struktur der befragten Unternehmen nach Mitarbeitern
Quelle: eigene Erstellung

Des Weiteren wurde abgefragt, ob die Unternehmen zur öffentlichen Hand gehören oder privatwirtschaftlich aufgestellt sind. 62 % der Teilnehmer zählen zur öffentlichen Hand, bei den übrigen halten private Gesellschafter die Mehrheit der Anteile. Dieses Ergebnis wird ebenfalls durch die BDEW-Stadtwerkestudie bestätigt, wonach sich die Mehrheit der Unternehmen in kommunalem Besitz befindet.[201]

Die vorliegenden Daten lassen den Schluss zu, dass die eingegangenen Antworten die Struktur der am Markt tätigen Energieversorger hinreichend abbildet.

7.2 Die Beschäftigungssituation von Frauen in den befragten Unternehmen

Um die Hypothese zu untersuchen, inwieweit Frauenförderung den Anteil von Frauen in den Unternehmen erhöht, ist es zunächst erforderlich, die Beschäftigtenquoten von Frauen bei den Teilnehmern zu analysieren.

Die durchschnittlichen Frauenquoten können über das arithmetische Mittel bestimmt werden. Das arithmetische Mittel ist jedoch bei asymmetrischen Verteilungen und für kleine Gesamtheiten mit einzelnen, von den übrigen Daten abweichenden Werten wie den in Anhang C bis Anhang E dargestellten Antworten ungeeignet.[202] Aus diesem

---

[201] Vgl. Ernst & Young (Hrsg.) (2012), S. 7.
[202] Vgl. Bourier, G. (2012), S. 80.

Grund wurde in der vorliegenden Studie für die Beschäftigungsquoten von Frauen und die Quote an weiblichen Führungskräften der Median bestimmt, der die mittlere Position einer Rangordnung angibt.[203]

7.2.1 Anteil weiblicher Beschäftigter im Gesamtunternehmen

Zunächst wurde nach dem Anteil der Frauen an der Gesamtarbeitnehmerzahl zum Stichtag 31.12.2011 gefragt. Die Antworten sind in Anhang C zusammengestellt. Aus ihnen geht hervor, dass die in Abschnitt 6.2 geschilderte Gestaltung der Skala mit fünf Intervallen in Zehnerschritten und einer Gruppe größer 50 % richtig war, da die letzte Kategorie nur von drei Befragten angegeben wurde.

Ermittelt man den durchschnittlichen Anteil weiblicher Beschäftigter über das arithmetische Mittel, beschäftigen die Teilnehmer rund 38 % Frauen. Wird der Median herangezogen, sind in den befragten Unternehmen ca. 35 % Frauen beschäftigt. Abbildung 15 zeigt, dass dieser Wert deutlich über dem in Abschnitt 2.2 genannten Durchschnitt des Statistischen Bundesamtes für die Energiewirtschaft von 24,8 % liegt.

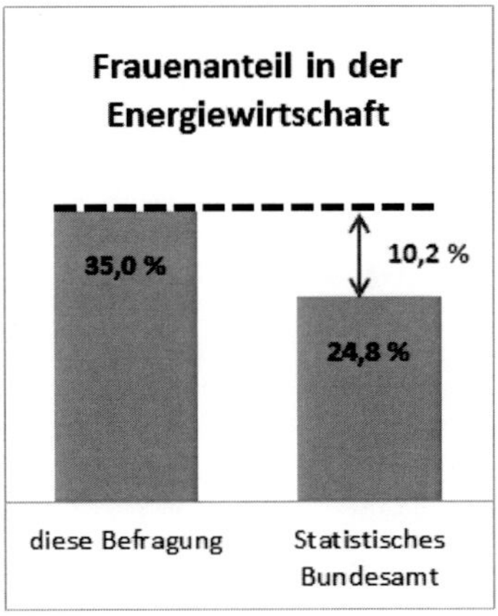

Abbildung 15: Frauenanteil in der Energiewirtschaft
Quelle: eigene Erstellung

Ursache hierfür könnte sein, dass eine Befragung zur Frauenförderung bei den Unternehmen auf offene Ohren stößt, die sich bereits mit dem Thema auseinandergesetzt haben, und dass Unternehmen, die das Thema als weniger wichtig erachten, an der

[203] Vgl. Bourier, G. (2012), S. 72.

Befragung nicht teilgenommen haben. Die weiteren Ergebnisse sind insbesondere vor diesem Hintergrund zu interpretieren.

Werden die Beschäftigungsquoten von Frauen im geografischen Kontext betrachtet, bestätigt diese Untersuchung das in Abschnitt 2.1 geschilderte Gefälle zwischen alten und neuen Bundesländern. Abbildung 16 illustriert, dass der Frauenanteil in ostdeutschen Energieversorgern mit 44 % knapp anderthalbmal so hoch ist wie in den Unternehmen aus den alten Bundesländern, die rund 30 % Frauen beschäftigen.

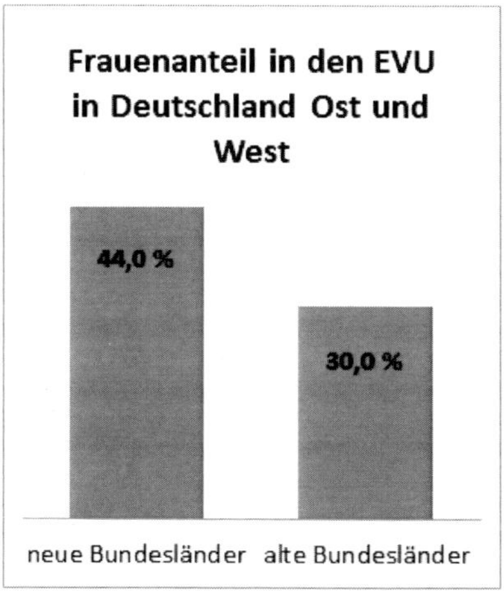

Abbildung 16: Anteil weiblicher Beschäftigter in EVU aus den neuen und alten Bundesländern
Quelle: eigene Erstellung

Auffallend ist weiterhin, dass der Frauenanteil mit einem Median von 42,5 % bei den kleinen Unternehmen außergewöhnlich hoch ist. So beschäftigen 83 % der kleinen Energieversorger mehr als ein Drittel Frauen. Bei den großen und mittleren Unternehmen dagegen beträgt der Median jeweils knapp 30 %. Hier liegt die Beschäftigungsquote von Frauen zu 60 % beziehungsweise 55 % unter einem Drittel.

7.2.2 Anteil weiblicher Beschäftigter nach Tätigkeitsbereichen

Weiterhin hat interessiert, wie hoch die Anteile weiblicher Beschäftigter in den einzelnen Tätigkeitsbereichen beziehungsweise Abteilungen der Energieversorger sind.

Dazu wurden die Kernaufgaben in folgenden fünf Tätigkeitsbereichen zusammengefasst:

- Energiehandel
- kaufmännischer Bereich
- Kundenservice/Verbrauchsabrechnung
- technischer Bereich
- handwerklicher Bereich

Der Energiehandel umfasst den Vertrieb von Strom und Gas, das Marketing sowie die Energiebeschaffung, die häufig von der Vertriebsabteilung durchgeführt wird und in engem Kontext mit dem Verkauf der Energie zu sehen ist.[204] Unter dem kaufmännischen Bereich werden neben typischen Aufgaben wie Buchhaltung und Controlling auch das Personalwesen, eine eventuell vorhandene Rechtsabteilung und das Sekretariat zusammengefasst. Kundenservice und Verbrauchsabrechnung gehören zu einem Tätigkeitsschwerpunkt eines Versorgers und werden separat betrachtet.

Die technisch orientierten Aufgaben werden in dieser Befragung ebenfalls berücksichtigt, obwohl sich die Grundgesamtheit auf die bei verivox.de gelisteten Energielieferanten bezieht, die nicht zwingend über ein eigenes Strom- oder Gasnetz verfügen müssen.[205] Zum einen kann es sich bei den angeschriebenen Unternehmen um reine Strom- oder Gashändler handeln, die keine weitere Tätigkeitssparte betreiben. Zum anderen können Energieversorger aufgrund ihrer Größe durch § 7 EnWG verpflichtet sein, Netzbetrieb und Energievertrieb rechtlich zu entflechten, indem sie beispielsweise den Netzbetrieb in ein Tochterunternehmen ausgegründet haben. Jedoch kann unterstellt werden, dass einige Versorger klein genug sind, um technische Abteilungen aufzuweisen. Die Betrachtung erfolgt in zwei Segmenten: dem technischen Bereich, der Netzplanung und Netzsteuerung, Energiedatenmanagement und IT umfasst, sowie dem handwerklichen Bereich, der sich auf Wartung und Instandsetzungsaufgaben sowie Installationsleistungen bezieht. Anhang D enthält die gegebenen Antworten.

Zwei Teilnehmer haben keine Angaben zu den Anteilen weiblicher Beschäftigter in den einzelnen Tätigkeitsfeldern gemacht. Von den übrigen Unternehmen haben drei keine

---

[204] Vgl. Wolff, H. (2011), S. 29 f.

[205] Vgl. § 3 Ziff. 38 EnWG, hier werden der Vertrieb von Energie und der Betrieb von Energieversorgungsnetzen unterschieden.

Angabe zum handwerklichen Bereich und eines keine zum technischen Bereich gemacht. Das lässt darauf schließen, dass diese Versorger aus einem der genannten Gründe keine technisch orientierten Aufgaben wahrnehmen.

Wie Abbildung 17 veranschaulicht, ist der Frauenanteil erwartungsgemäß im kaufmännischen Bereich und im Kundenservice besonders hoch. Der Median liegt hier bei 58,8 % im kaufmännischen Bereich und sogar bei 62,5 % in Kundenservice und Verbrauchsabrechnung. Ursache könnte die Berufswahl von Mädchen und Jungen sein, nach der – wie Tabelle 1 gezeigt hat – Mädchen häufig eine Ausbildung zur Bürokauffrau oder Industriekauffrau ergreifen, die Grundlage für eine Tätigkeit in den genannten Bereichen ist.

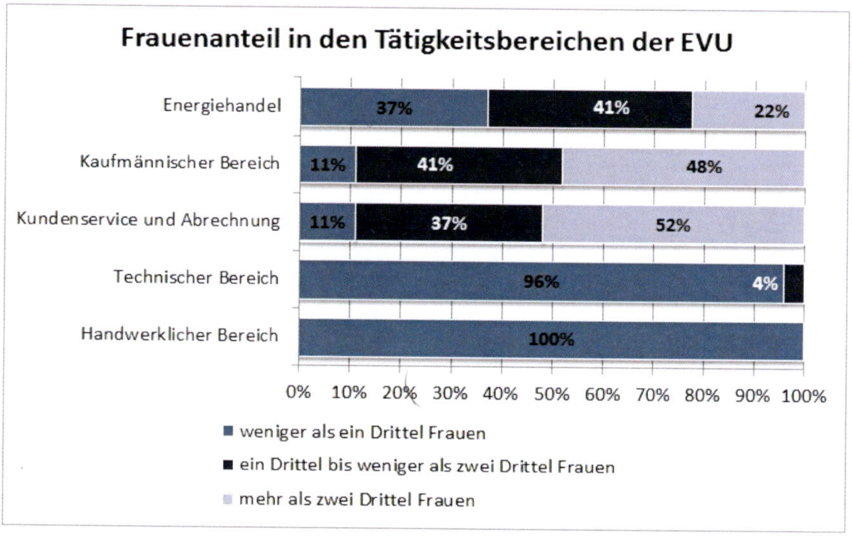

Abbildung 17: Frauenanteil in den Tätigkeitsbereichen der EVU
Quelle: eigene Erstellung

Im technischen Bereich beschäftigen die Unternehmen im Schnitt 7,6 Frauen, im handwerklichen Bereich sogar nur 5,5. In diesen Ergebnissen findet sich die in Abschnitt 2.1 dargelegte unterschiedliche Berufswahl von Frauen und Männern wieder.

Interessant ist der mit 38,8 % verhältnismäßig geringe Frauenanteil in Vertrieb, Marketing und Energiebeschaffung, vor allem weil für diese Tätigkeiten in der Regel ein wirtschaftswissenschaftlicher Hintergrund erwartet wird.[206]

7.2.3 Anteil weiblicher Führungskräfte

Im Folgenden wurde der Anteil an weiblichen Führungskräften untersucht. Die Ergebnisse sind in Anhang E zusammengestellt.

Die Betrachtung des Anteils an weiblichen Führungskräften offenbart, dass dieser mit einem Median von 10 % in den befragten Unternehmen gegenüber den in Abschnitt 2.1 dargestellten Quoten von 37 % in Deutschland insgesamt beziehungsweise 30 % in der privaten Wirtschaft äußerst gering ausfällt. Dabei ist es unerheblich, ob es sich um private Versorger handelt oder um Organisationen der öffentlichen Hand.

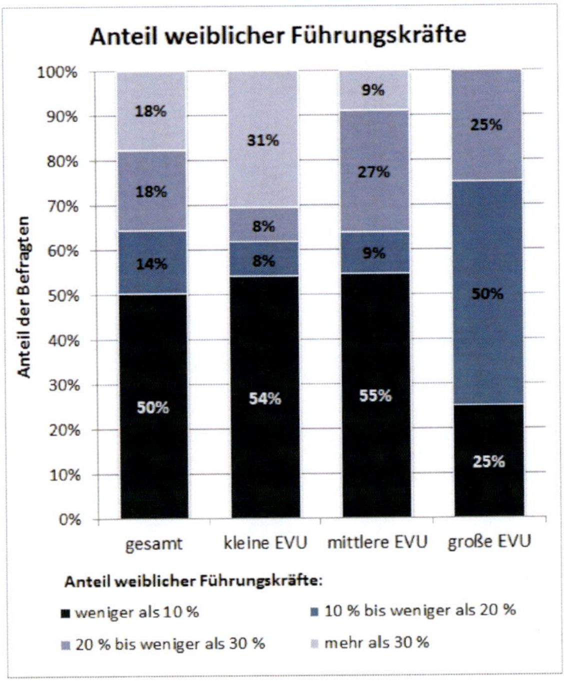

Abbildung 18: Anteil weiblicher Führungskräfte
Quelle: eigene Erstellung

[206] Vgl. EnergyRelations GmbH (2012b), www.energycareer.net.

Wird die Frauenquote für Führungskräfte wie in Abbildung 18 auf die Unternehmensgröße heruntergebrochen, zeigt sich deutlich, dass der Anteil kleiner Energieversorger, die mehr als 30 % Frauen im Management beschäftigen, höher ist als bei den mittleren und großen Versorgern. Keines der großen Unternehmen in der Befragung hat mehr als 30 % Führungsfrauen, bei der Mehrheit von 75 % der Befragten sind weniger als ein Fünftel Frauen auf Führungspositionen tätig. Diese Ergebnisse bestätigen Studien des DIW Berlin, das diese Tendenzen branchenübergreifend ermittelt hat.[207]

Der Median liegt dennoch bei den großen Unternehmen mit 15 % höher als bei den kleinen und mittleren mit 9 %. Das liegt daran, dass doppelt so viele große Versorger zwischen 10 % und 20 % Managerinnen beschäftigen wie die mit weniger als einem Zehntel.

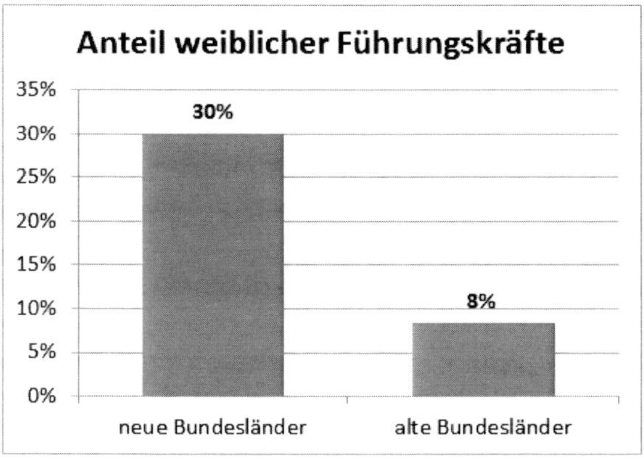

Abbildung 19: Anteil weiblicher Führungskräfte der EVU in Deutschland Ost und West
Quelle: eigene Erstellung

Wird der Anteil weiblicher Führungskräfte für die alten und neuen Bundesländer wie in Abbildung 19 getrennt betrachtet, sticht das bereits bei der allgemeinen Frauenquote festgestellte Gefälle zwischen Ost- und Westdeutschland hervor. In den ostdeutschen Energieversorgungsunternehmen beträgt die Frauenquote unter den Führungskräften mehr als das Dreifache der Quote in den alten Bundesländern. Auch in dieser Hinsicht entsprechen die Ergebnisse dem gesamtdeutschen Trend.[208]

---

207 Vgl. Holst, E. u.a. (2012), S. 84.
208 Vgl. Holst, E. u.a. (2012), S. 84.

7.2.4 Qualitative Bewertung der Frauenquoten

Um diese quantitativ erfassten Frauenquoten qualitativ bewerten zu können, wurden die Befragten gebeten, auf einer vierstufigen Skala einzuschätzen, warum so wenige Frauen in der Energiewirtschaft beschäftigt sind. Die Antworten enthält Anhang F. Mit insgesamt 86 % voller beziehungsweise überwiegender Zustimmung sehen die Unternehmen die Ursache in der fehlenden technischen Ausbildung oder einem fehlenden Ingenieursstudium von Frauen. 75 % halten aber Frauen für ausreichend qualifiziert. Entsprechend liegt die Vermutung nahe, dass Mädchen und junge Frauen für die Energiewirtschaft ungeeignete Berufe ergreifen. Die Ergebnisse der Befragung stützen folglich die in Abschnitt 2.1 dargestellte Problematik der Berufswahl von Mädchen und Jungen.

Als zweiten Grund für die geringen Beschäftigungsquoten von Frauen in der Energiewirtschaft geben die Unternehmen mit allerdings nur 41 % an, dass Strom und Gas Männersache sind. 20 % empfinden die Branche als familienunfreundlich. Mit 17 % stimmen die Befragten der Aussage zu, dass männliche Manager bevorzugt männliche Mitarbeiter einstellen. Damit sehen erstaunlich wenige der Befragten eine Torhütermentalität der in der Energiewirtschaft tätigen Männer, vor allem der männlichen Führungskräfte, obwohl diese von verschiedenen, branchenunabhängigen Studien belegt wird.[209]

Schlechte Aufstiegschancen und eine mangelhafte Übernahme der Verantwortung für Gesellschaft und Umwelt spielen in den Augen der Befragten für die niedrigen Frauenquoten eine untergeordnete Rolle.

7.3 Allgemeine Angaben zur Frauenförderung

Im Folgenden hat interessiert, ob in den befragten Energieversorgungsunternehmen Gleichstellungspolitik betrieben wird und wie diese in die betriebliche Organisation eingebunden ist. Das Datenmaterial zu diesem Fragekomplex zeigt Anhang G.

15 von 29 Befragten gaben an, in irgendeiner Form Gleichstellungspolitik zu betreiben. Davon haben sieben Teilnehmer, das sind 47 %, die Gleichstellungspolitik schriftlich, beispielsweise in einer Richtlinie oder im Unternehmensleitbild, verankert. Zwölf Teilnehmer, das sind 86 % der Unternehmen, die sich mit Gleichstellungspolitik beschäftigen, gaben an, dass diese im Betrieb aktiv gelebt wird.

---

[209] Vgl. Schneider, B. (2011), S. 58 f.

Keinen Unterschied macht es, ob es sich um privatwirtschaftliche Unternehmen oder um solche der öffentlichen Hand handelt. Von beiden Gruppen befasst sich jeweils etwa die Hälfte mit Gleichstellungspolitik. Ebenso lässt sich kein Unterschied zwischen Energieversorgern aus den alten beziehungsweise den neuen Bundesländern feststellen. Auch hier betreibt jeweils die Hälfte in irgendeiner Form Gleichstellungspolitik.

Wie Abbildung 20 veranschaulicht, gibt es jedoch einen Zusammenhang zwischen der Unternehmensgröße und dem Vorhandensein einer Gleichstellungspolitik. Jeder der großen Versorger beschäftigt sich auf irgendeine Weise mit Gleichstellungspolitik. Bei 80 % ist sie niedergeschrieben. Von den mittleren Energieversorgern betreiben immerhin noch zwei Drittel eine Gleichstellungspolitik, während es bei den kleinen Unternehmen nur knapp ein Viertel ist.

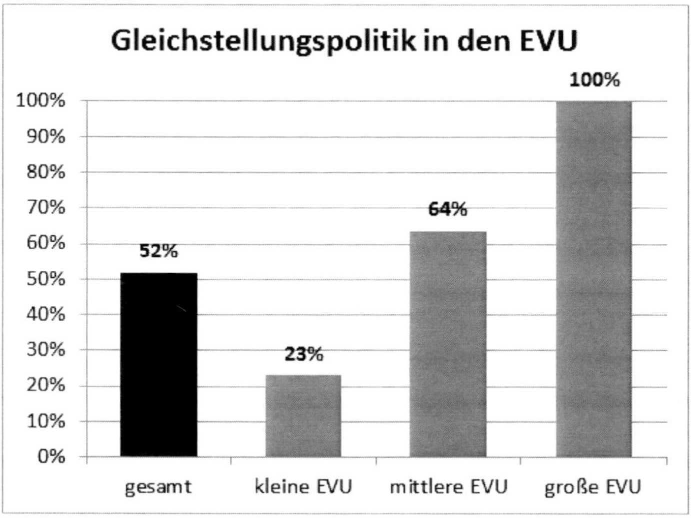

Abbildung 20: Gleichstellungspolitik in den EVU
Quelle: eigene Erstellung

Eine Gleichstellungsbeauftragte haben drei Teilnehmer bestellt. Zwei davon sind privatwirtschaftlich aufgestellt und eines zählt zur öffentlichen Hand.

Nur ein großer Versorger, der zur öffentlichen Hand zählt, hat sich eine Frauenquote sowohl für das Gesamtunternehmen als auch für Führungspositionen in Höhe von 35 % gesetzt. Alle übrigen haben sich nicht zu einer Frauenquote verpflichtet. Einer der Befragten hält eine Frauenquote für kontraproduktiv, da gerade in kleinen Unternehmen die bestmögliche Qualifikation und ein harmonisches Miteinander wichtiger sind, als die gleichmäßige Verteilung von Posten auf die Geschlechter.

Diese Stichtagsbefragung lässt keinen unmittelbaren Zusammenhang von Gleichstellungspolitik und Frauenquote erkennen. Bei den Unternehmen mit Gleichstellungspolitik beträgt der Median der Frauenquote bezogen auf das Gesamtunternehmen 33,3 % und ist sogar niedriger als der Median über alle Befragten von 35 %. Wird die Frauenquote in Bezug auf Unternehmen untersucht, die ihre Gleichstellungspolitik schriftlich im Unternehmensleitbild oder einer Richtlinie verankert haben, liegt sie mit einem Median von 37,5 % signifikant höher.

Weiterhin wurde gefragt, ob die Teilnehmer geschlechtsspezifische Kennzahlen erheben. Ein Unternehmen, das sich zur Gleichstellungspolitik bekennt, sollte deren Erfolg in irgendeiner Form messen.[210] Des Weiteren können solche Zahlen innerhalb der Organisation kommuniziert werden, um die Sensibilität der Mitarbeiter und Führungskräfte für Gender-Themen zu erhöhen.[211] Eine Kommunikation nach außen unterstützt das Personalmarketing, denn – wie in Abschnitt 5.1.1 ausgeführt – finden Frauen Arbeitgeber attraktiv, die auf Geschlechtervielfalt Wert legen. Die Erhebung solcher Kennzahlen stellt deshalb einen weiteren Indikator für die Aufmerksamkeit der Unternehmen in Bezug auf die Gleichstellung dar.

Wie aus Abbildung 21 ersichtlich ist, geben zwölf Teilnehmer und damit 41 % an, auf Unternehmensebene geschlechtsspezifische Kennzahlen zu erfassen. Davon betreiben drei Viertel Gleichstellungspolitik in irgendeiner Form. Von denen, die solche Kennzahlen erheben, hat mehr als ein Drittel die Gleichstellungspolitik schriftlich festgehalten und die Hälfte lebt sie aktiv im Unternehmen. Auf Abteilungsebenen erfasst keiner der Befragten solche Kennzahlen.

[210] Vgl. Reichmann, T. (2006), S. 23.
[211] Vgl. Röhr, U., Ruggieri, D. (2008), S. 25.

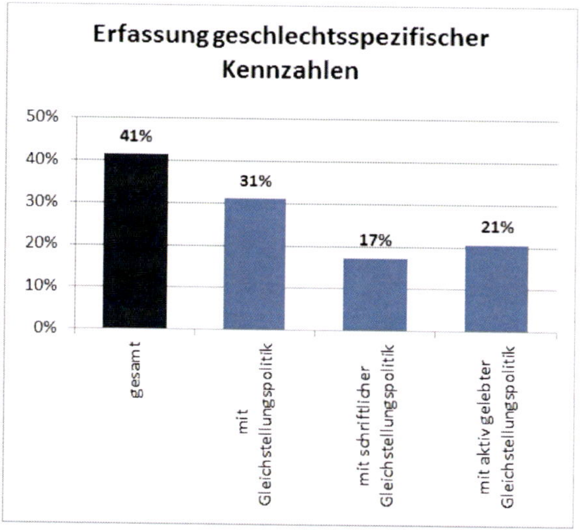

Abbildung 21: Erfassung geschlechtsspezifischer Kennzahlen
Quelle: eigene Erstellung

Auch hier zeichnet sich ab, dass die großen Versorger in Bezug auf das Controlling der Gleichstellungspolitik weiter sind als die weniger breit aufgestellten Unternehmen. Alle großen Energieversorger erfassen solche Kennzahlen. Von den mittleren sind es ein Drittel und von den kleinen nur ein Viertel.

7.4 Wichtige Personalthemen für die Frauenförderung

Im Hinblick auf die eingesetzten Frauenförderungsinstrumente wurden die Befragten zunächst um eine Einschätzung gebeten, bei welchen Personalthemen Frauen explizit berücksichtigt werden sollten.

Dazu wurden zehn Schwerpunkte ausgewählt, die von den übergeordneten Personalmanagementprozessen Personalentwicklung und Personalbindung bis hin zu einzelnen Schwerpunktthemen reichen, die im Rahmen der Literaturrecherche als aktuell bedeutsam für die Personalarbeit erkannt wurden.[212] Anhang H enthält die eingegangenen Antworten, die in Abbildung 22 grafisch veranschaulicht werden.

---

[212] Vgl. Bröckermann, R. (2012), S. 18 ff.

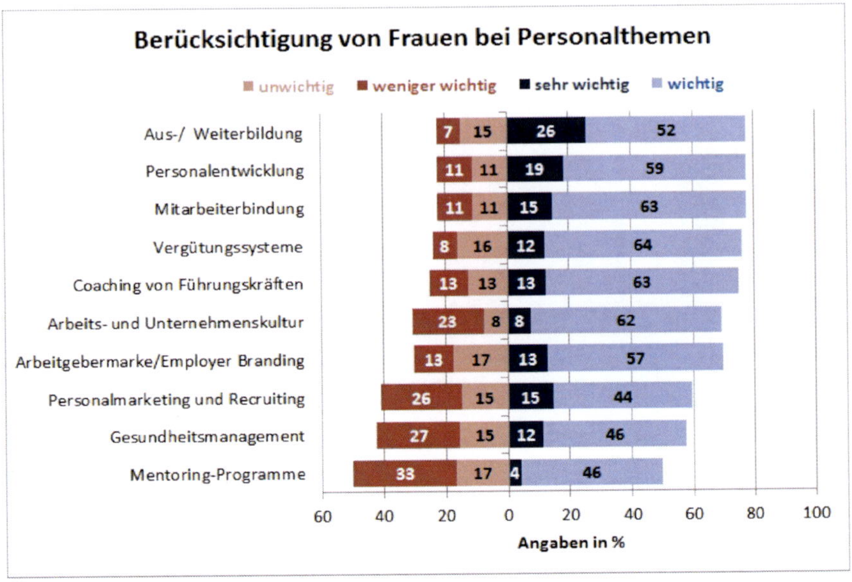

Abbildung 22: Explizite Berücksichtigung von Frauen bei Personalthemen
Quelle: eigene Erstellung

Positiv fällt auf, wie stark sich die Befragten mit der Berücksichtigung von Frauen auseinandersetzen. Bei allen genannten Personalthemen wird Frauenförderung mit 50 % und mehr als wichtig beziehungsweise sehr wichtig erachtet. Aus- und Weiterbildung, Personalentwicklung und Mitarbeiterbindung werden von 78 % der Befragten als bedeutsam für die Frauenförderung gesehen, dicht gefolgt von der Vergütung mit 76 % und dem Coaching von Führungskräften mit 75 %. Als sehr wichtig erachten dabei 26 % der Unternehmen die Aus- und Weiterbildung von Frauen und 19 % die Personalentwicklung. Die Arbeits- und Unternehmenskultur rangiert ebenso wie die Arbeitgebermarke mit jeweils insgesamt 70 % eher im Mittelfeld.

Weniger bedeutsam finden die Befragten mit rund 60 % die Berücksichtigung von Frauen beim Gesundheitsmanagement und beim Personalmarketing und Recruiting. Die Diskrepanz zwischen der Einschätzung zum Employer Branding und zur Personalbeschaffung, die inhaltlich eher zusammengehören, legt die Vermutung nahe, dass die Arbeitgebermarke zwar insgesamt als bedeutsam wahrgenommen wird, aber der Nutzen einer ausdrücklich an Frauen adressierten Employer-Branding-Kampagne noch nicht erkannt wird.

Mentoring-Programme rangieren mit nur 50 % Zustimmung auf dem letzten Platz unter den Personalthemen. Das erstaunt insofern, als Mentoring ein Werkzeug der Personalentwicklung ist, die von den Befragten als sehr wichtig in Bezug auf die Berücksichtigung von Frauen eingeschätzt wurde.

Diese Ergebnisse werden zum Teil von der EnergyRelations GmbH in Kooperation mit der Hochschule Koblenz durchgeführten Studie Arbeitgeberimage Energie 2012 bestätigt, wonach der Personalentwicklung inklusive Aus- und Weiterbildung von 96 % der Studienteilnehmer ein hoher bis äußerst hoher Stellenwert zugesprochen wird.[213] Im Gegensatz zur Befragung in dieser Studie rangiert dort die Arbeits- und Unternehmenskultur mit 81 % auf dem zweiten Platz.

Abweichungen zwischen der vorliegenden Befragung und der genannten Studie sind auch bei der Einschätzung zum Personalmarketing und der Personalbeschaffung festzustellen. In der EnergyRelations-Studie haben sie einen hohen Stellenwert bei den Unternehmen, während sie in dieser Studie weiter hinten rangieren. Die Bedeutung der Vergütungssysteme wird in der Studie nur von gut einem Viertel als hoch oder sehr hoch bewertet.

Die festgestellten Unterschiede könnten darauf zurückzuführen sein, dass in der Studie weitere Personalthemen aus anderen Stufen der Wertschöpfungskette des Personalmanagements Berücksichtigung gefunden haben. Außerdem war die Studie auf das allgemeine Arbeitgeberimage der Energiebranche ausgerichtet, während diese Studie ihren Fokus auf die Frauenförderung legt. Vor diesem Hintergrund könnten die Abweichungen so interpretiert werden, dass Frauen bei den auf den ersten Positionen genannten Themen besonders berücksichtigt werden sollten.

7.5 Der Einsatz von Frauenförderungsinstrumenten

Im Hauptteil des Fragebogens wurde der Einsatz von Frauenförderungsinstrumenten bei der Rekrutierung, der Personalentwicklung und in Bezug auf die Work-Life-Balance sowie die Familienfreundlichkeit untersucht. Die Energieversorger haben dabei angegeben, ob sie die Frauenförderungsinstrumente bereits im Unternehmen einsetzen, ob sie planen, sie zukünftig einzusetzen, oder ob sie nicht genutzt werden. Die Antworten sind in Anhang I zusammengestellt. Anhang J enthält weitergehende Analysen zum

[213] Vgl. EnergyRelations GmbH (2012a), S. 11.

Zusammenhang zwischen den verwendeten Instrumenten und den Beschäftigungsquoten von Frauen.

Bei der Betrachtung der Diversityinstrumente in den einzelnen Themenfeldern im Durchschnitt, wie sie in Tabelle 6 dargestellt sind, zeigt sich, dass Maßnahmen zur Verbesserung der Work-Life-Balance am verbreitetsten sind.

Tabelle 6: Durchschnittliche Anzahl Nennungen pro Instrument

Themenfeld	Durchschnittliche Nennungen pro Instrument je Kategorie					
	wird eingesetzt		Einsatz geplant		nicht genutzt	
	Anzahl	Anteil	Anzahl	Anteil	Anzahl	Anteil
Rekrutierung	10,3	35 %	0,9	3 %	17,9	62 %
Work-Life-Balance	17,3	60 %	2,2	7 %	9,3	33 %
Familienfreundlichkeit	9,3	31 %	2,0	7 %	17,7	61 %
Personalentwicklung	7,9	27 %	1,0	3 %	19,4	67 %

Quelle: eigene Erstellung

Die genannten Work-Life-Balance-Instrumente werden im Schnitt von 17 Unternehmen genutzt, das sind 60 % der Befragten. Rund ein Drittel setzen Instrumente bei der Personalbeschaffung und zur Erhöhung der Familienfreundlichkeit ein. Frauenförderung in der Personalentwicklung ist mit 27 % etwas weniger verbreitet. Nachfolgend soll detailliert auf die Themenfelder eingegangen werden.

7.5.1 Frauenförderungsinstrumente und Rekrutierung

Wie in Abschnitt 7.4 herausgestellt, sehen die Befragten die explizite Berücksichtigung von Frauen bei der Personalbeschaffung im Vergleich zu anderen Personalmanagementbereichen als eher untergeordnet an. Entsprechend wenig werden die betreffenden Instrumente eingesetzt.

25 Befragte, das sind 86 %, bezahlen ihr Personal geschlechterunabhängig, ein Unternehmen will dies künftig tun. Obwohl noch drei Teilnehmer angeben, dieses Instrument nicht zu nutzen, legt das Ergebnis die Vermutung nahe, dass den Unternehmen die Bedeutung einer gerechten Bezahlung für die Arbeitgeberattraktivität und damit auch für die Erschließung weiblichen Arbeitskräftepotenzials bewusst ist.

Zwei Drittel der Unternehmen geben im Rahmen des Girl's Day Mädchen einen Einblick in die verschiedenen eher technisch orientierten Arbeitsgebiete bei einem Energieversorger. Ein Drittel arbeitet mit Hochschulen zusammen, zwei weitere Unternehmen planen zukünftig eine solche Zusammenarbeit.

Die übrigen Frauenförderungsinstrumente des Themenfeldes Rekrutierung werden nur von wenigen Teilnehmern genutzt. Auffällig ist, dass Frauen bei gleicher Eignung nur von sechs Unternehmen bei der Einstellung bevorzugt werden, das entspricht einem Fünftel der Befragten. Von diesen sechs gehören fünf zur öffentlichen Hand. Fünf Teilnehmer geben in ihren Stellenanzeigen an, dass Bewerbungen von Frauen ausdrücklich erwünscht sind. Ebenfalls fünf Teilnehmer stellen durch ein standardisiertes Bewerbungsverfahren sicher, dass der Auswahlprozess geschlechtsneutral erfolgt.

Ein Employer Branding, das sich speziell an Frauen richtet, wird nur von zwei Teilnehmern genutzt, ein weiterer plant, es zukünftig einzusetzen. Dies bestätigt die Ergebnisse aus Abschnitt 7.4, wonach nur 13 % eine gezielte Adressierung des Employer Brandings an Frauen als sehr wichtig erachten. Ein Grund hierfür könnte der allgemein geringe Stellenwert des Personalmarketings bei den Fachabteilungen, der kaufmännischen Leitung und der Geschäftsführung sein.[214]

Der Ausbau der Frauenförderung im Bereich Personalbeschaffung hat für die Unternehmen eine geringe Bedeutung, das heißt, dass nur wenige Versorger planen, künftig eine oder mehrere Maßnahmen in diesem Bereich einzusetzen.

7.5.2 Frauenförderungsinstrumente und Personalbindung

In Bezug auf die zur Personalbindung genutzten Frauenförderungsinstrumente wurde zwischen den Schwerpunkten Work-Life-Balance und Familienfreundlichkeit unterschieden.

Die Möglichkeiten zur Arbeitszeitflexibilisierung werden von den Teilnehmern umfassend in Anspruch genommen. So bieten alle Energieversorger Teilzeit und mit Ausnahme eines Unternehmens auch Gleitzeitmodelle an. Jahresarbeitszeitkonten und Wunschdienstpläne werden von jeweils rund einem Drittel der Befragten genannt. Die starke Nutzung von Instrumenten zur Arbeitszeitflexibilisierung ist in Bezug auf die Abstimmung privater und beruflicher Zeitbedarfe insbesondere von Frauen positiv zu

---

[214] Vgl. EnergyRelations GmbH (2012a), S. 14.

bewerten. Weil die Arbeitszeitgestaltung nicht nur der Förderung von Vielfalt dient, sondern häufig im Interesse der Unternehmen erfolgt, muss sie auch kritisch betrachtet werden.[215] So können beispielsweise kundenfreundliche Öffnungszeiten abgesichert oder saisonale Schwankungen im Arbeitsvolumen abgefedert werden.

Die Flexibilisierung des Arbeitsortes steht ebenso im Bewusstsein der Befragten. Ein Drittel nutzt bereits Telearbeit beziehungsweise Home-Office-Arbeitsplätze. 14 % wollen zukünftig Telearbeitsplätze einrichten.

Obwohl das Gesundheitsmanagement bei der Frage nach der besonderen Berücksichtigung von Frauen auf dem vorletzten Platz rangiert, führen 59 % Maßnahmen zur betrieblichen Gesundheitsförderung durch und ein Viertel der Befragten plant strategisch, die betriebliche Gesundheitsförderung in den Fokus zu stellen. Das entspricht 83 % der Teilnehmer. Dieses Ergebnis übertrifft den deutschlandweiten Trend, nachdem die betriebliche Gesundheitsförderung bislang überwiegend in großen Unternehmen anzutreffen ist und in kleinen und mittleren Unternehmen die Ausnahme bleibt.[216] Möglicherweise hat die Energiebranche die Vorteile des betrieblichen Gesundheitsmanagements erkannt. Ursächlich hierfür könnte sein, dass die betriebliche Gesundheitsförderung von Berufsgenossenschaften und zahlreichen gesetzlichen Krankenkassen unterstützt wird, zum einen durch medizinisches Fachwissen, zum anderen durch finanzielle Förderung.[217] Der Aufwand für die Unternehmen bleibt überschaubar und es wird eine große Wirkung erreicht.

Im Bereich Familienfreundlichkeit gibt knapp ein Dreiviertel der Befragten an, Wiedereingliederungsmaßnahmen nach der Elternzeit durchzuführen. 41 % bieten eine Notfall-Kinderbetreuung an, so dass Eltern in dringenden Fällen ihr Kind mit zur Arbeit bringen können. Jeweils zwei Teilnehmer wollen diese Maßnahmen zukünftig einsetzen. Bei der Suche nach einem Kindergartenplatz unterstützt ein Drittel der Unternehmen seine Mitarbeiter, drei weitere planen dies strategisch. Informationspakete zum Beispiel zur Pflege von Angehörigen werden von 28 % der Befragten angeboten. Einen Kinderbetreuungszuschuss zahlen dagegen erst vier Unternehmen. Zwei Teilnehmer haben einen Betriebskindergarten. Bei beiden handelt es sich um große Energieversorger. Jedoch plant auch ein mittleres Unternehmen, einen solchen aufzubauen.

---

215 Vgl. Krell, G., Sieben, B. (2010), S. 54.
216 Vgl. Wellmann, H. (2012), S. 12.
217 Vgl. Hetzel, Ch., Wellmann, H. (2012), S. 227 ff.

Um die in Abschnitt 6.1 aufgestellte Hypothese zu prüfen, nach der Maßnahmen zur Förderung der Familienfreundlichkeit und einer ausgeglichenen Work-Life-Balance den Anteil weiblicher Beschäftigter erhöhen, wurde die Anzahl der genannten Instrumente zur Frauenquote in den Unternehmen in Beziehung gesetzt. Die Ergebnisse in Anhang J zeigen, dass von allen Teilnehmern 43 % mindestens fünf Instrumente aus diesen Themenfeldern verwenden und damit die durchschnittliche Frauenquote von 35 % erreichen oder übertreffen. Ein Viertel hat sogar eine Frauenquote von mehr als 40 %. Diese Ergebnisse lassen durchaus die Interpretation zu, dass sich die Förderung von Work-Life-Balance und Familienfreundlichkeit positiv auf die Frauenquote auswirkt.

7.5.3 Frauenförderungsinstrumente und Personalentwicklung

Mit nur durchschnittlich acht Nennungen pro Instrument werden im Themenfeld Personalentwicklung die wenigsten Frauenförderungsmaßnahmen eingesetzt. Auch bei den strategischen Überlegungen der Unternehmen steht die Personalentwicklung nicht im Fokus. Auffällig ist außerdem, dass in diesem Fragekomplex nicht alle Teilnehmer bei jedem Item geantwortet haben. Das ist bemerkenswert, weil die Unternehmen die besondere Berücksichtigung von Frauen bei diesem Thema mit 19 % als sehr wichtig und 59 % als wichtig eingeschätzt hatten.

Am häufigsten, und zwar bei zwei Dritteln aller Befragten, werden Führungskräfte-Trainings beziehungsweise –Coachings durchgeführt. Je 45 % fördern die Teilnahme an externen Netzwerken und betreiben Teamentwicklung. Ein Fünftel der Befragten, das sind sechs Energieversorger, bieten Mentoringprogramme an. In Verbindung mit der zurückhaltend bewerteten Wichtigkeit unter den Personalthemen wird damit bestätigt, dass das Mentoring in den Augen der Personalverantwortlichen nur eine untergeordnete Rolle spielt. Arbeitserweiterung und Arbeitsbereicherung, also Job Enrichment beziehungsweise Job Enlargement, gibt es bereits in fünf Unternehmen, drei weitere wollen diese Möglichkeit künftig nutzen. Interne Frauennetzwerke haben drei Unternehmen organisiert. Ebenso viele kooperieren in Bezug auf die Personalentwicklung mit Hochschulen.

Nur ein Teilnehmer bietet frauenspezifische Weiterbildungen an, obwohl es ein Viertel der Befragten als sehr wichtig erachtet, Frauen bei der Aus- und Weiterbildung zu berücksichtigen. Dies könnte mit der in Abschnitt 5.3 dargestellten Wahrnehmung zusammenhängen, nach der solche Maßnahmen Vorurteile gegenüber typisch weiblichen Kompetenzen eher verstärken.[218]

Auch hier wurde versucht, die in Abschnitt 6.1 aufgestellte Hypothese zu falsifizieren, wonach der verstärkte Einsatz von Frauenförderungsinstrumenten in der Personalentwicklung zu einer Erhöhung der Frauenquote in Führungspositionen führen müsste. Wie aus Anhang J hervorgeht, lässt sich hier kein klarer Zusammenhang herstellen. 43 % der Befragten, die überhaupt Personalentwicklungsinstrumente einsetzen, haben unter den Führungskräften eine Frauenquote von mehr als 10 %. Ebenfalls 43 % beschäftigen weniger als 10 % weibliche Führungskräfte. Der Median von 10 % wird damit bestätigt. Da Frauenförderung in der Personalentwicklung bei den befragten Unternehmen keine Priorität hat, lässt sich nicht mit abschließender Sicherheit sagen, welchen Effekt eine gezielte Frauenförderung auf die Anzahl weiblicher Führungskräfte tatsächlich hat.

7.5.4 Betrachtung der Frauenförderungsinstrumente in ihrer Gesamtheit

Werden die ausgewählten Frauenförderungsinstrumente in eine Rangfolge gebracht, wie sie Tabelle 7 darstellt, verdeutlicht dies das vorstehend Gesagte: Maßnahmen, die die Work-Life-Balance verbessern, dominieren die vorderen Plätze. Frauenförderung in der Personalentwicklung und bei der Personalbeschaffung rangiert eher weiter hinten.

[218] Vgl. Schiersmann, C. (1997), S. 287.

Tabelle 7: Rangfolge der aktiv genutzten Frauenförderungsinstrumente

	Anteil	Frauenförderungsinstrumente
20 bis 29 Nennungen	100%	- Teilzeit
	97%	- Gleitzeit
	86%	- Gleiche Bezahlung
	72%	- Wiedereingliederungmaßnahmen nach der Elternzeit
10 bis 19 Nennungen	66%	- Girl's Day, - Führungskräfte-Training/-Coaching
	59%	- Betriebliche Gesundheitsförderung
	45%	- Teamentwicklungsmaßnahmen
	41%	- Notfall-Kinderbetreuung
	38%	- Jahresarbeitszeitkonten
	34%	- Zusammenarbeit mit Hochschulen zur Personalbeschaffung - Telearbeit
1 bis 9 Nennungen	31%	- Wunschdienstpläne - Unterstützung bei der Suche nach Kindergartenplätzen
	28%	- Informationspakte
	21%	- bevorzugte Einstellung von Frauen - Mentoring-Programm
	17%	- Hinweis in Stellenausschreibung zur bevorzugten Berücksichtigung von Frauen - standardisierte geschlechtersensible Bewerbungsgespräche - Job Enrichment/Job Enlargement
	14%	- Kinderbetreuungszuschuss
	10%	- internes Frauennetzwerk - Kooperationen mit Hochschulen zur Personalentwicklung
	7%	- Employer Branding, das sich an Frauen richtet
	3%	- frauenspezifische Weiterbildungsangebote

Quelle: eigene Erstellung

Wie Anhang J zeigt, setzt die Hälfte der Befragten sechs bis zehn Frauenförderungsinstrumente ein, 30 % nutzen 11 bis 15 Instrumente. Nur zwei Unternehmen, das sind 7 %, nutzen weniger als sechs Möglichkeiten der Frauenförderung, drei Teilnehmer, also 10 %, mehr als 15. Es lässt sich dabei ein Zusammenhang mit der Unternehmensgröße herstellen: Je größer die Unternehmen sind, umso vielfältiger betreiben sie Frauenförderung. So nutzen 15 % der kleinen Energieversorger, 54 % der mittleren und sogar 80 % der großen Unternehmen mehr als zehn Instrumente.

Der Zusammenhang zwischen der Anzahl der eingesetzten Frauenförderungsinstrumente und dem Anteil weiblicher Beschäftigter am Gesamtunternehmen ist in Abbildung 23 grafisch dargestellt. Daraus lässt sich ablesen, dass 54 % der Unternehmen, die mindestens sechs Maßnahmen durchführen, die mittels Median bestimmte durchschnittliche Frauenquote von 35 % erreichen. 32 % übertreffen sie sogar. Dies könnte ein Indiz dafür sein, dass Frauenförderung in den Unternehmen tatsächlich zu einer höheren Beschäftigung von Frauen führt.

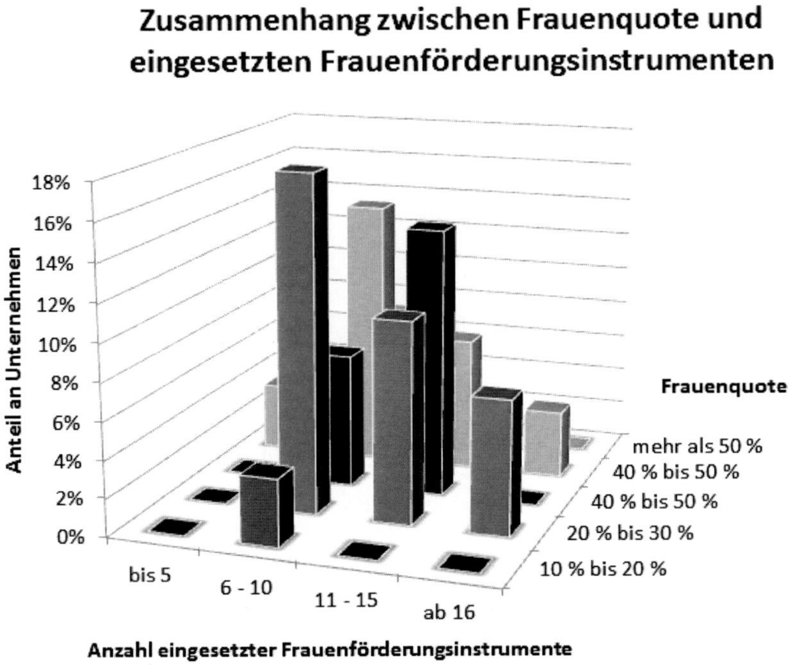

Abbildung 23: Zusammenhang zwischen Frauenquote und eingesetzten Frauenförderungsinstrumenten
Quelle: eigene Erstellung

Ferner lässt sich, wie aus Anhang I ersichtlich ist, ein Zusammenhang zwischen dem Vorhandensein einer Gleichstellungspolitik und dem Einsatz von Frauenförderungsinstrumenten feststellen. Gerade bei den Instrumenten, die nur von wenigen Befragten genutzt werden, handelt es sich überwiegend um Unternehmen, die Gleichstellungspolitik betreiben. Hauptsächlich fällt dies beim Themenbereich Personalentwicklung auf, in dem Frauenförderung ohnehin noch nicht in dem Maße betrieben wird, wie in den anderen Bereichen. Die zukünftige Ausrichtung der Frauenförderung scheint ebenfalls bei den Unternehmen mit Gleichstellungspolitik eher auf der Agenda zu stehen als bei denen ohne: Die Mehrheit der Befragten, die plant, künftig Frauenförderungsmaßnahmen zu implementieren, bekennt sich zu einer Gleichstellungspolitik.

7.6 Einschätzungen zum Fachkräftemangel und zur Personalpolitik in der Energiewende

Um den Arbeitskräftebedarf der Energieversorger und das Potenzial für weibliche Beschäftigte näher zu bestimmen, wurden die Befragten um Einschätzungen zum Fachkräftemangel und zur Personalpolitik vor dem Hintergrund der Energiewende gebeten. Die Antworten sind in Anhang K und Anhang L zusammengefasst. Zunächst werden die Angaben der Unternehmen zum Fachkräftemangel näher beleuchtet, ehe auf ihren Standpunkt zu den aus der Energiewende resultierenden Chancen für Frauen eingegangen wird.

7.6.1 Der Fachkräftemangel aus Sicht der Energieversorger

Den Teilnehmern wurden zunächst verschiedene Aussagen zum Fachkräftemangel vorgelegt, bei denen sie zwischen vier Stufen von „voller Zustimmung“ bis „keine Zustimmung“ wählen konnten. Die Antworten veranschaulicht Abbildung 24.

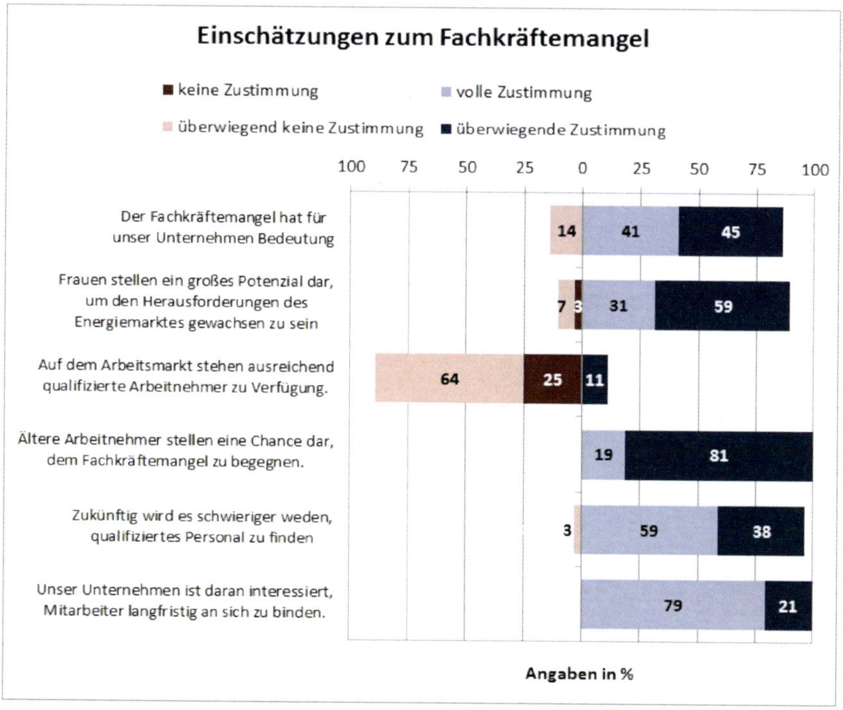

Abbildung 24: Einschätzungen zum Fachkräftemangel
Quelle: eigene Erstellung

86 % der befragten Energieversorger stimmten der Aussage, dass der Fachkräftemangel für sie Bedeutung hat, voll oder überwiegend zu. 14 % der Unternehmen sehen sich eher keinem Mangel an Fachkräften gegenüber stehen. Das Potenzial von Frauen zur Bewältigung der Herausforderung der Energiewende erkennen 90 % der Befragten. Ähnliches gilt für Arbeitnehmer, die älter sind als 50 Jahre. Nur ein Zehntel meint, dass auf dem Arbeitsmarkt ausreichend qualifizierte Arbeitnehmer zur Verfügung stehen. Ein Teilnehmer kann dazu keine Aussage treffen. Die übrigen sehen die Situation auf dem Arbeitsmarkt eher problematisch. Bis auf ein Unternehmen erwarten die Befragten in Zukunft Schwierigkeiten, qualifiziertes Personal zu finden. Es verwundert deshalb nicht, dass ausnahmslos alle daran interessiert sind, Beschäftigte langfristig an sich zu binden. Rund 80 % stimmen dieser Aussage sogar voll zu.

Diese Ergebnisse korrespondieren mit der EnergyRelations-Studie, wonach 85 % vom Fachkräftemangel stark bis existenziell betroffen sind und ausdrücklich das Fehlen von Ingenieuren sowie von qualifizierten Hochschulabsolventen und Führungskräften beklagen.[219] Die Versorger befürchten, durch den Fachkräftemangel nachteilige Auswirkungen auf die Leistungskennziffern des Unternehmens und damit auf ihre Wettbewerbsfähigkeit im internationalen Kontext, da sie Aufgaben auslagern, Projekte ablehnen und Investitionen reduzieren müssen.[220]

Abbildung 25 zeigt, dass in den einzelnen Fachbereichen der Fachkräftemangel unterschiedlich stark gesehen wird. Fast Dreiviertel der Befragten erkennen ihn im technischen Bereich, mehr als die Hälfte im Energiehandel, also dem Vertrieb und der Energiebeschaffung, und noch über 40 % im handwerklichen Bereich. Im kaufmännischen Bereich und im eher von betriebswirtschaftlichen Tätigkeiten geprägten Kundenservice besteht kein Mangel an Fachkräften.

[219] Vgl. EnergyRelations GmbH (2012a), S. 12.
[220] Vgl. EnergyRelations GmbH (2012a), S. 12.

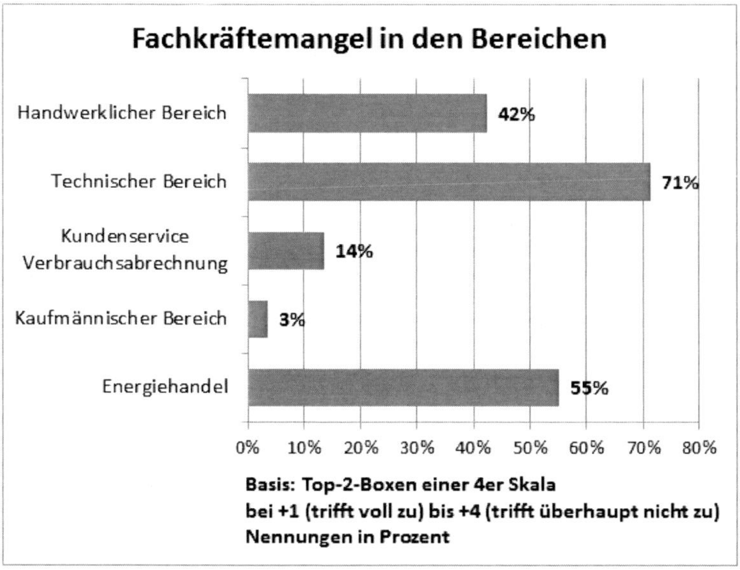

Abbildung 25: Fachkräftemangel in den Bereichen
Quelle: eigene Erstellung

Mit dem eingeschätzten Fachkräftemangel aus dieser Befragung korreliert der in der EnergyRelations-Studie ermittelte zukünftige Personalbedarf. Im technischen Bereich und im Vertrieb geben rund zwei Drittel ein Wachstum an, während im kaufmännischen Bereich nur 17 % von Wachstum ausgehen, 27 % dagegen sogar von einem Personalabbau.[221]

Die Ergebnisse implizieren den Schluss, dass in der Energiewirtschaft neben einem verstärkten Bedarf an Ingenieuren insbesondere Personal mit Branchenwissen gefragt ist. Diese Folgerung bestätigt die Frage nach der erforderlichen Kompetenz, die Frauen in den Augen der Unternehmen benötigen, um erfolgreich in der Energieversorgung tätig zu sein. Um eine klare Tendenz zu erhalten, mussten sich die Teilnehmer für eine der vorgeschlagenen Antworten entscheiden, die Abbildung 26 visualisiert. Branchenkenntnisse liegen mit 39 % der Nennungen klar auf dem ersten Platz, gefolgt von theoretischem Fachwissen mit 29 %. Technisches Verständnis und berufsspezifische Fertigkeiten erwarten nur jeweils 14 % der Teilnehmer. Soziale und persönliche Kompetenzen werden kaum genannt.

---

[221] Vgl. EnergyRelations GmbH (2012a), S. 9.

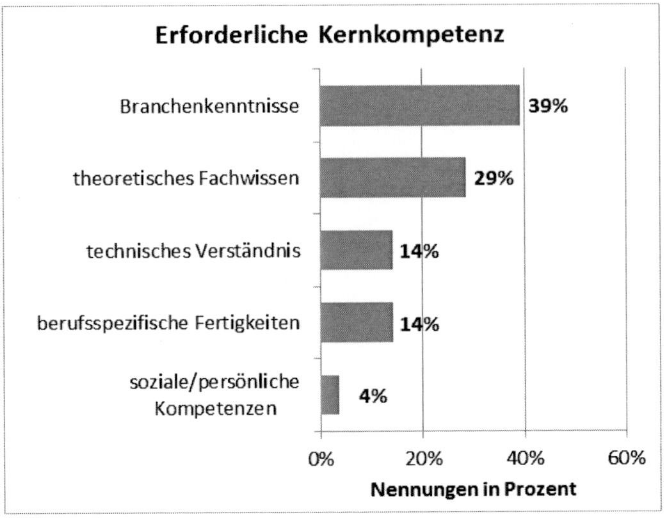

Abbildung 26: Erforderliche Kernkompetenzen von Frauen
Quelle: eigene Erstellung

Damit sind zugleich die Bedingungen abgesteckt, die von den Energieversorgern an eine verstärkte Beschäftigung von Frauen gestellt werden: Bringen die Frauen wie in Abbildung 27 dargestellt eine bessere Qualifikation und mehr Branchenerfahrung mit, würden sie von den Unternehmen eingestellt werden. Vier Teilnehmer konkretisieren das, in dem sie auf eine passendere Qualifikation vorzugsweise in ingenieurwissenschaftlichen Studiengängen und technischen Ausbildungsrichtungen abstellen und sich überhaupt mehr Bewerbungen von Frauen wünschen. Diese Auffassung ist in der Branche verbreitet, wie auch die Arbeitgeberimagestudie zeigt. Danach sind die beiden wichtigsten Gründe für die Nichtbesetzung von Stellen zum einen die mangelnde Fachkompetenz der Bewerber und zum anderen ein Mangel an brauchbaren Bewerbungen überhaupt.[222] Die Hypothese, dass sich Frauen bessere Chancen in der Energiewirtschaft eröffnen, wenn sie über einen technischen Hintergrund verfügen, hat sich also bestätigt.

[222] Vgl. EnergyRelations (2012a), S. 16.

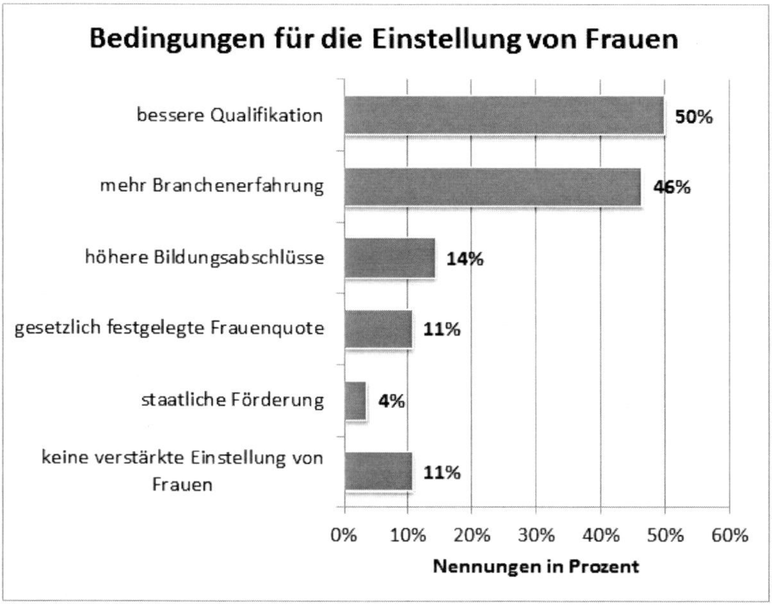

Abbildung 27: Bedingungen für die Einstellung von Frauen
Quelle: eigene Erstellung

Eine gesetzliche Frauenquote dagegen würde nur 11 % der Befragten motivieren, mehr Frauen zu beschäftigen. Für weitere 11 % kommt dies grundsätzlich nicht Betracht. Damit bestätigt diese Befragung den deutschen Trend, nach dem die Unternehmen Quoten skeptisch bis ablehnend gegenüberstehen.[223]

7.6.2 Einschätzungen zur Personalpolitik in der Energiewende

Um herauszufinden, ob Frauen aufgrund der von der Politik initiierten Energiewende eine verstärkte Chance auf eine Beschäftigung bei einem Energieversorger haben, wurden die Unternehmen zur Notwendigkeit neuer Personalkonzepte befragt. Anhang L und Anhang M enthalten die Antworten dazu.

Nach der BDEW-Stadtwerkestudie 2012 bestimmt die Energiewende mit den Themen erneuerbare Energien, Umweltschutz und Klimawandel für 29 % der Teilnehmer das Tagesgeschäft und ist damit das beherrschende Thema.[224] Umso erfreulicher ist es, dass

[223] Vgl. Schneider, B. (2011), S. 74.
[224] Vgl. Ernst & Young (Hrsg.) (2012), S. 8.

41 % der Befragten dieser Untersuchung neue Personalkonzepte vor dem Hintergrund der Energiewende für erforderlich halten.

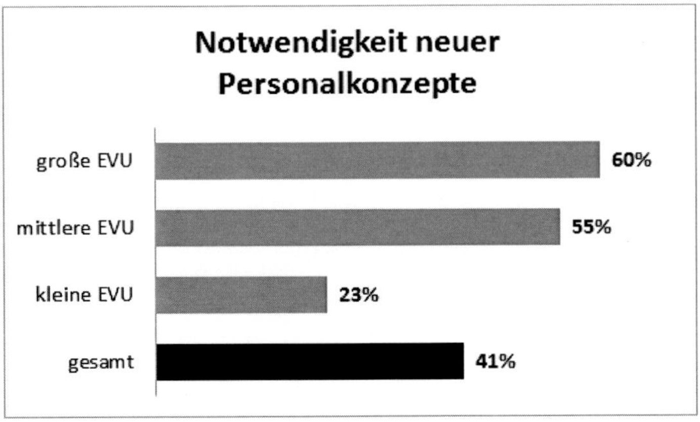

Abbildung 28: Notwendigkeit neuer Personalkonzepte vor dem Hintergrund der Energiewende
Quelle: eigene Erstellung

Wie sich aus Abbildung 28 ablesen lässt, wurde dies überwiegend von den großen und mittleren Energieversorgern erkannt, während nur knapp ein Viertel der kleinen Versorger dieses Erfordernis sieht. Von den Teilnehmern, die diese Frage bejaht haben, will die Hälfte Frauen speziell berücksichtigen. Insofern kann die aufgestellte Hypothese, nach der Unternehmen, die sich des Fachkräftemangels bewusst sind, auf das Potenzial von Frauen zurückgreifen wollen, nur eingeschränkt bestätigt werden.

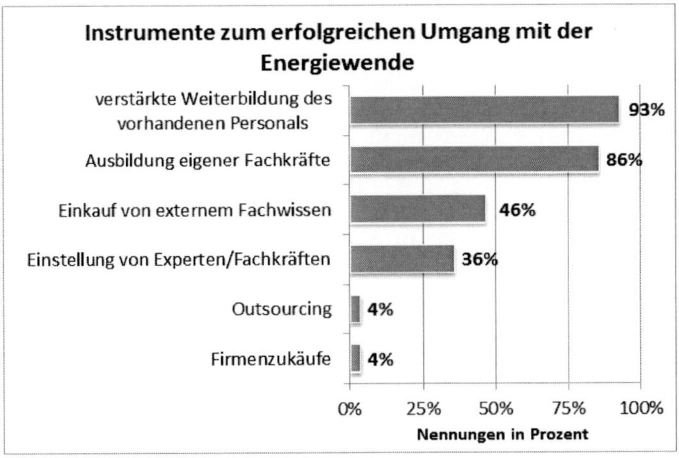

Abbildung 29: Instrumente zum erfolgreichen Umgang mit der Energiewende
Quelle: eigene Erstellung

Abbildung 29 verdeutlicht, dass die Unternehmen den Schwerpunkt eher auf die verstärkte Weiterbildung des Personals und die Ausbildung eigener Fachkräfte setzen.

Knapp die Hälfte der Teilnehmer, und zwar überwiegend kleine Energieversorger, sehen Chancen im Einkauf von externem Fachwissen, beispielsweise in Form von Beratungsleistungen. Die Einstellung von Experten und Fachkräften sind für rund ein Drittel der Befragten wichtig. Ein Teilnehmer ergänzt, dass sein Unternehmen durch den Einsatz neuer Technologien die Energiewende meistern will. Firmenzukäufe und Outsourcing spielen nur für jeweils einen großen Energieversorger eine Rolle. Somit verwundert es nicht, dass die Mehrheit der Befragten der Energiewende mit einem unveränderten Personalbestand entgegentreten will, wie Abbildung 30 verdeutlicht.

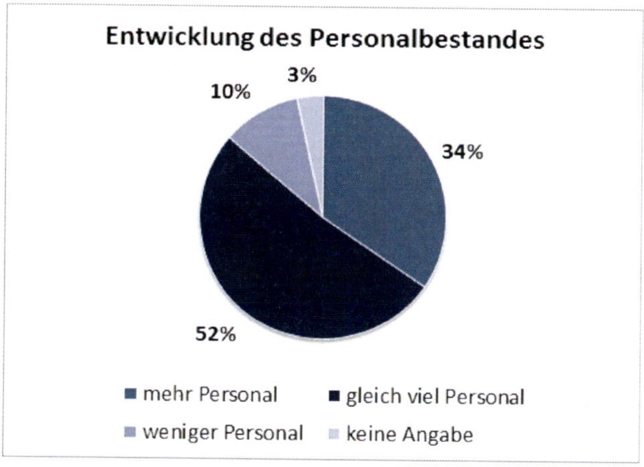

Abbildung 30: Entwicklung des Personalbestandes
Quelle: eigene Erstellung

Ein Drittel sieht das Erfordernis, den Personalbestand zu erhöhen. Mehrheitlich handelt es sich dabei um kleine Unternehmen. Ein Zehntel der Befragten schätzt sogar ein, das Personal reduzieren zu müssen. Das sind vor allem die großen Energieversorger, die auf den steigenden Wettbewerbsdruck im Energiemarkt reagieren.

Die Energiewende bringt die in Abbildung 31 dargestellten neuen Tätigkeitsfelder hervor, die auch für Frauen geeignet sind. Die Befragten sehen mit 96 % Nennungen das größte Potenzial für Frauen im Bereich der erneuerbaren Energien. In der Praxis ist hier der Frauenanteil mit 25 % ähnlich gering wie in der Energieversorgungsbranche insgesamt, obwohl das Spektrum der Berufe breit gefasst ist.[225] So werden im Erneuerbare-Energie-Bereich zu knapp 30 % kaufmännische Angestellte beschäftigt und nur 15 % entfallen auf Ingenieure. Allerdings sind die Facharbeiter mit insgesamt 41 % schwerpunktmäßig in handwerklichen und damit männerdominierten Berufen tätig.

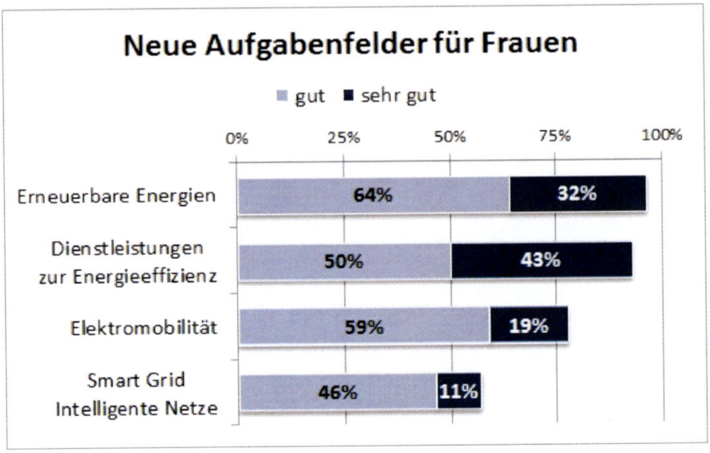

Abbildung 31: Neue Aufgabenfelder für Frauen
Quelle: eigene Erstellung

Im Bereich Dienstleistungen zur Energieeffizienz erkennen 93 % der Befragten gute und sehr gute Chancen für Frauen. Die Anzahl der Unternehmen, die die Möglichkeiten für Frauen in diesem Bereich als sehr gut einschätzen, übersteigt sogar die Nennungen im Bereich erneuerbare Energien. Mögliche Aufgaben in diesem Bereich sind Energieberatungen, die auf die Überprüfung der Energieeffizienz von technischen Geräten und Gebäuden und die Entwicklung von Konzepten zur Primärenergieeinsparung und Energieeffizienzverbesserung abzielen.[226]

Dem Bereich Elektromobilität wird von insgesamt 79 % der Befragten Potenzial für die Beschäftigung von Frauen attestiert. Der mit diesem neuen Wirtschaftsfeld verbundene Arbeitskräftebedarf wird nicht nur im Automobilbau entstehen, sondern auch in der Energieversorgung.[227] Neben Ingenieurinnen, die sich mit der Ladeinfrastruktur be-

---

[225] Vgl. Röhr, U., Ruggieri, D. (2008), S. 9.
[226] Vgl. EDL-G § 2 Ziff. 6.
[227] Vgl. Heymann, E. u.a. (2013), S. 65.

schäftigen, könnten hier Wirtschaftswissenschaftlerinnen tätig werden, sofern sie über das nötige Zusatzwissen verfügen.[228]

Mit 57 % Nennungen deutlich schlechter werden die Chancen im Tätigkeitsfeld Smart Grid – intelligente Netze beurteilt. Darunter ist die kommunikative Vernetzung und Steuerung von Stromerzeugungsanlagen, Stromspeichern und Verbrauchsgeräten in Elektrizitätsversorgungsnetzen zu verstehen.[229] Ursache könnte sein, dass dieser Bereich stark technisch geprägt ist und die Unternehmen hier eher ein Tätigkeitsfeld für Ingenieure und Techniker sehen.

8 Konsequenzen für Energieversorgungsunternehmen

Die Ergebnisse der vorstehenden Untersuchung deuten auf eine große Diskrepanz zwischen der vom Gesetzgeber gewollten Gleichstellung der Frau im Berufsleben und der in der Energieversorgung gelebten Wirklichkeit hin. Nachfolgend sollen zum einen die Gründe zusammengefasst werden, warum so wenige Frauen in der Energiewirtschaft beschäftigt sind. Zum anderen soll den Energieversorgern aufgezeigt werden, mit welchen Mitteln sie den Frauenanteil in ihren Unternehmen erhöhen können.

8.1 Hinderungsgründe für die Beschäftigung von Frauen

Im Rahmen der durchgeführten Befragung haben sich verschiedene Gründe herauskristallisiert, warum in der Energiewirtschaft nur ein knappes Viertel der Beschäftigten weiblich ist.

Die Befragten schätzen sich selbst durchaus als attraktiven Arbeitgeber ein, denn sie halten sich für familienfreundlich und wissen um ihre Verantwortung für Gesellschaft und Umwelt. Außerdem attestieren sie der Branche gute Aufstiegschancen. Jedoch wird dies von potenziellen Arbeitskräften anders gesehen: Sie finden die Energiewirtschaft wenig sympathisch und ebenso wenig sozial und ökologisch.[230] Dies belegt auch das Arbeitgeber-Ranking, nach dem kein Energiekonzern von den Studierenden der Wirtschaftswissenschaften beiderlei Geschlechts unter die Top 20 gewählt wird. Bei den Ingenieurwissenschaften schaffen es E.ON und RWE noch unter die letzten Plätze.[231]

---

[228] Vgl. Heymann, E. u.a. (2013), S. 70.
[229] Vgl. Aichele, Ch. (2012), S. 64.
[230] Vgl. EnergyRelations GmbH (2012a), S. 25.
[231] Vgl. Employer Branding Today (2010), www.employerbrandingtoday.com.

Die Energiewirtschaft gilt als Männerdomäne,[232] obwohl dies nur knapp die Hälfte der Befragten genauso sieht. Die Folge ist eine von Männern geprägte Arbeitskultur, in der den Lebenskonzepten von Frauen zu wenig Beachtung geschenkt wird. Die Befragung hat ergeben, dass zwar in nahezu allen Unternehmen Teilzeit- und Gleitzeitmodelle eingesetzt werden. Es fehlen allerdings Telearbeitsplätze und mehr Flexibilität bei der Arbeitszeit, so dass Frauen ihr Engagement für Familie und Beruf gleichermaßen wahrnehmen können.

Die Befragung hat bestätigt, dass in der Energiewirtschaft nicht nur der Anteil an Frauen insgesamt, sondern auch der an weiblichen Führungskräften außerordentlich gering ist. Von Führungskräften wie von Ingenieuren wird häufig erwartet, dass sie sich ohne Einschränkungen mit ihrer Tätigkeit identifizieren und zu langen Arbeitszeiten sowie zu häufigen Dienstreisen bereit sind.[233] An diesen Faktoren lässt sich sogar der berufliche Erfolg festmachen: Menschen mit Arbeitszeiten von weniger als 45 Stunden in der Woche sind nur halb so erfolgreich wie Menschen, die 45 bis 50 Wochenstunden arbeiten.[234] Die Forderung nach Flexibilität und Mobilität lässt sich häufig nicht mit weiblichen Lebenswelten vereinbaren. Es erstaunt deshalb nicht, dass die Mehrheit der Frauen mit Ingenieursabschluss in einem anderen Fachgebiet tätig ist.[235]

Obwohl fast alle Befragten sagen, dass Frauen ein großes Potenzial darstellen, wird ihre Bedeutung als eigenständige Zielgruppe im Rahmen der Personalbeschaffung unterschätzt. Die Unternehmen schöpfen die Möglichkeiten des Personalmarketings nicht aus und nutzen insbesondere das Employer Branding zu wenig. Selbst simple Kontrollmechanismen, wie strukturierte Bewerbungsgespräche, bei denen geschlechtersensibel vorgegangen wird, sind kaum verbreitet. Ein Grund hierfür könnte ebenfalls in der von Männern geprägten Unternehmenskultur zu suchen sein.

Obwohl die Befragten der Aussage, dass Männer bevorzugt Männer einstellen, überwiegend nicht zustimmen, und somit keine Torhütermentalität wahrnehmen, wirkt sie dennoch im Unterbewusstsein. Die in Abschnitt 4.1.1 vorgestellten Rollenvorstellungen und Genderstereotype führen zu Wahrnehmungsverzerrung und subjektiver Beurteilung von Bewerbungsunterlagen und im Gespräch.[236] Männern wird aufgrund der bestehen-

---

[232] Vgl. Röhr, U., Ruggieri, D. (2008), S. 10.
[233] Vgl. Röhr, U., Ruggieri, D. (2008), S. 10.
[234] Vgl. Röhr, U., Ruggieri, D. (2008), S. 10.
[235] Vgl. Röhr, U., Ruggieri, D. (2008), S. 11.
[236] Vgl. Heiß, M. (2011), S. 187.

den Rollenbilder eine höhere Leistungsfähigkeit zugesprochen – in der Folge werden sie häufiger zu Vorstellungsgesprächen eingeladen.[237] In großen Unternehmen erfolgt häufig eine Stellenbesetzung über interne Stellenausschreibungen aus dem Pool der eigenen Mitarbeiter heraus.[238] Hier spielen Netzwerke eine Rolle, zu denen Frauen oftmals keinen Zugang haben: Männer treffen sich in Projektgruppen und Arbeitskreisen oder bei gemeinsamen Freizeitaktivitäten.

Bei der Besetzung von Führungspositionen verhindert die gläserne Decke häufig, dass die Wahl auf eine Frau fällt. Die männliche Unternehmenskultur, geschlechtsbezogene Voreingenommenheit sowie mangelnde Transparenz im Personalauswahlprozess stehen so dem beruflichen Fortkommen der Frauen entgegen.[239]

Ohne entsprechende Kontrollmechanismen wie beispielsweise gemischtgeschlechtliche Beobachterteams greift bei der Besetzung von Stellen gleich welcher Hierarchieebene das Prinzip der „homosozialen Reproduktion"[240]. Ähnlich wirkende Kandidaten werden bevorzugt, denn Vertrauen basiert auf Ähnlichkeit.[241] Eine Befragte formuliert das so: Schmidtchen stellt Schmidtchen ein, da weiß man, was man hat. Im Umkehrschluss erklärt dies, warum Frauen in kleinen Unternehmen stärker vertreten sind, wie auch diese Befragung bestätigt. Hier kennen sich alle, Chefs und Mitarbeiter arbeiten enger zusammen, so dass Frauen größere Chancen haben.

Weitere wesentliche Hinderungsgründe für die Beschäftigung von Frauen in der Energiewirtschaft sehen die Befragten in der fehlenden Branchenerfahrung und der nicht passenden Qualifikation.

Den Mangel an Erfahrung in der Energiewirtschaft anzuführen, greift jedoch zu kurz. Branchenerfahrung lässt sich nur durch eine Tätigkeit in der Energiewirtschaft gewinnen, zum Beispiel durch Praktika während des Studiums, durch eine Ausbildung bei einem Energieversorger oder im Rahmen eines Beschäftigungsverhältnisses. Hier sind Aus- und Weiterbildungsprogramme gefordert, die Quereinsteigern die relevanten Themenfelder nahebringen und es den Mitarbeitern ermöglichen, ihre Fachkenntnisse an den sich ständig wandelnden Energiemarkt anzupassen. Erfreulich ist es deshalb,

[237] Vgl. Röhr, U., Ruggieri, D. (2008), S. 23.
[238] Vgl. Schneider, B. (2011), S. 96.
[239] Vgl. Europäische Kommission (2012), S. 4.
[240] Heiß, M. (2011), S. 51.
[241] Vgl. Schneider, B. (2011), S. 60.

dass die Befragten die Berücksichtigung von Frauen bei Aus- und Weiterbildungsthemen mit großer Mehrheit als wichtig erachten.

Anders gestaltet sich dies bei der Frage nach der passenden Qualifikation. Hauptsächlich im technischen Bereich, in dem die Teilnehmer einen hohen Fachkräftemangel erwarten, fehlt es an weiblichem Potenzial. Die Unternehmen wünschen sich Bewerbungen von Frauen auf solche Stellen, doch wie ein Teilnehmer erläutert, sind die Frauen zwar gut qualifiziert, aber leider nicht in technischen Ausbildungen und Studienfächern. Dies belegen die in Abschnitt 2.1 geschilderten Zahlen zur Berufswahl von Mädchen und die Studierendenquoten. Den fehlenden technischen beziehungsweise ingenieurwissenschaftlichen Hintergrund sehen auch die Befragten als Hauptursache für den geringen Frauenanteil in der Energiewirtschaft. Dennoch bleibt die Frage offen, wie in den anderen Tätigkeitsbereichen, beispielsweise dem Vertrieb, der Frauenanteil gestärkt werden kann.

Diese Befragung bestätigt das Bild, das sich in ähnlicher Form aus anderen Umfragen ergibt:[242] Die Unternehmen wollen etwas an der Beschäftigungsquote von Frauen ändern, scheitern aber an der Umsetzung. Deshalb werden nunmehr Handlungsalternativen beschrieben, die zu einer verstärkten Beschäftigung von Frauen in der Energiewirtschaft führen können.

8.2 Ableitung von Handlungsalternativen zur verstärkten Beschäftigung von Frauen

Erfolgreiche Frauenförderung setzt in erster Linie aufgeschlossene Unternehmen voraus.[243] Aus der Befragung können verschiedene, konkrete Maßnahmen abgeleitet werden, mit denen sich eine höhere Frauenquote in der Energiewirtschaft erreichen lässt.

242 Vgl. Röhr, U., Ruggieri, D. (2008), S. 13.
243 Vgl. Röhr, U., Ruggieri, D. (2008), S. 12.

Die wesentlichen Punkte sind:

1. Verankerung der Frauenförderung in der Unternehmensstrategie
2. Einbindung aller Führungskräfte
3. Mentoring und Zugang zu Netzwerken
4. Schaffen der Voraussetzungen für eine ausgeglichene Work-Life-Balance
5. Personalmarketing mit Employer Branding
6. Geschlechtergerechte Bewerbungsverfahren
7. Ausbildung/Weiterbildung zur Vermittlung von Fach- und Branchenwissen
8. Frauen den Zugang zu technischen Berufen ermöglichen

Die vorgestellten Maßnahmen wurden im Ergebnis dieser Studie als bedeutend für die verstärkte Beschäftigung von Frauen in der Energiewirtschaft erkannt. Selbstverständlich ist die Aufzählung nicht vollständig. Sie kann und sollte durch weitere Aktivitäten ergänzt werden.

8.2.1 Verankerung in Unternehmensstrategie und Unternehmenskultur

Entscheidend für den Erfolg der Frauenförderung im Unternehmen ist deren Verankerung als zentrales Unternehmensziel im Unternehmensleitbild als Zeichen, dass das Management hinter der Idee steht.[244] Eine bloße verbale Äußerung, Gleichstellungspolitik zu betreiben, reicht nicht aus,[245] wie auch die vorstehende Befragung gezeigt hat. Die Unternehmen, die ihre Gleichstellungspolitik schriftlich festgehalten haben, weisen eine höhere Frauenquote auf. Ein Teilnehmer fordert ausdrücklich dieses Bekenntnis des Unternehmens als Bedingung für die verstärkte Einstellung von Frauen und erkennt so seine zentrale Bedeutung.

Frauenförderung wirkt nur als langfristige Strategie. Kurzfristige, einzelne Maßnahmen ohne Konzept führen nicht zum Ziel.[246] Zu dieser Strategie gehört, Verantwortlichkeiten zu benennen, Anreize zu schaffen sowie verbindliche Zeiträume festzulegen, innerhalb derer konkrete, messbare Ziele erreicht werden sollen. Die Fortschritte bei der Um-

---

[244] Vgl. Holst, E. u.a. (2012), S. 10 f.
[245] Vgl. Heiß, M. (2011), S. 185.
[246] Röhr, U., Ruggieri, D. (2008), S. 25.

setzung sind durch ein entsprechendes Controlling zu überwachen.[247] Wichtig ist dabei, die weiblichen Beschäftigten des Unternehmens in diese Prozesse einzubeziehen. So kann die Initiative von den Frauen angenommen werden und wird nicht als Maßnahme verstanden, die sich Männer herablassend für benachteiligte Frauen ausgedacht haben.[248]

Ebenso unerlässlich ist es, die Führungskräfte auf allen Hierarchieebenen einzubinden.[249] Um Schranken im Denken der Führungskräfte zu überwinden, können durch Weiterbildungen Genderkompetenzen vermittelt werden, die die Manager zu einer anderen Sichtweise auf die weiblichen Potenziale befähigen.[250] Dadurch lernen sie, Verschiedenartigkeit zu akzeptieren und sogar als Bereicherung zu erleben.[251] So ist sukzessive ein Umdenken in der Unternehmenskultur möglich.

Dieser Kulturwechsel wird gefördert, wenn männliche Führungskräfte als Vorbild wirken und Nachwuchsfrauen unterstützen.[252] Ein wichtiges Werkzeug stellt das Mentoring dar. Von den Teilnehmern dieser Befragung wird es unterschätzt. Nur wenige setzen es im Unternehmen ein und auch seine Bedeutung für die Frauenförderung wird nur von der Hälfte der Befragten erkannt. Allerdings entscheiden Beziehungen wesentlich über das berufliche Vorankommen. Nur zu 10 % tragen dazu Fachwissen und zu 30 % der Ruf des Mitarbeiters bei.[253] Mit 60 % viel entscheidender sind Kontakte, deshalb müssen die Instrumente Mentoring und Coaching stärker genutzt und insbesondere Frauen die Teilnahme an Netzwerken ermöglicht werden, so dass sie Beziehungen knüpfen können.

Aufgrund der beschriebenen Rollenbilder werden Frauen auch zukünftig noch die Hauptlast der familiären Aufgaben tragen müssen. Die Befragten bieten zwar Gleitzeit und Teilzeitmodelle an, jedoch ist es unerlässlich, die Arbeitszeit weiter zu flexibilisieren und ebenso Home Offices und Telearbeitsplätze einzurichten sowie diese Formen für Führungskräfte zu öffnen. Management und Belegschaft akzeptieren diese Modelle als gleichwertig zur Vollbeschäftigung, wenn die Unternehmensleitung signalisiert, dass

[247] Vgl. Heiß, M. (2011), S. 181.
[248] Vgl. von Passavant, C. (1997b), S. 268.
[249] Vgl. Holst, E. u.a. (2012), S. 10 f.
[250] Vgl. Holst, E. u.a. (2012), S. 111.
[251] Vgl. Schneider, B. (2011), S. 87.
[252] Vgl. Schneider, B. (2011), S. 65.
[253] Vgl. Schneider, B. (2011), S. 174.

eine Inanspruchnahme durch Männer ebenso willkommen ist.[254] So können männliche Beschäftigte dauerhaft ihre Leistungsfähigkeit erhalten und sich zunehmend in außerberufliche Bereiche einbringen.[255] Durch Mitarbeiterbefragungen kann zudem eruiert werden, welche Flexibilisierungskonzepte die Belegschaft wünscht.[256]

8.2.2 Ansätze zur Optimierung des Beschaffungsprozesses

Ein weiteres wesentliches Themenfeld zur Erschließung des Potenzials weiblicher Beschäftigter in der Energiewirtschaft, das sich aus dieser Studie ergeben hat, ist das Personalmarketing, insbesondere der verstärkte Einsatz des Employer Branding. Überzeugendes Personalmarketing ist die Grundvoraussetzung für eine erfolgreiche Personalbeschaffung.[257] Dies gilt umso mehr, weil die Energiebranche mit ihrem Arbeitgeberimage kämpft und dieses Image immer noch zu den Hauptkriterien der Bewerber bei der Entscheidung für einen Arbeitgeber zählt.[258] Obwohl für die große Mehrheit der Befragten der Fachkräftemangel Bedeutung hat und es die Unternehmen als zunehmend schwieriger empfinden, qualifiziertes Personal zu erhalten, wird die Wichtigkeit des Personalmarketings noch nicht von allen gesehen. In Bezug auf die Rekrutierung von Frauen haben zwar die meisten Befragten die Bedeutung einer Adressierung der Arbeitgebermarke an Frauen erkannt, genutzt wird es aber nur von einer Minderheit. Somit verwundert es nicht, wenn die Energieversorger im Arbeitgeberranking nur auf den hinteren Plätzen auftauchen. Hier besteht eindeutig Nachholbedarf, gerade bei den kleinen und mittleren Energieversorgern, da auf den ersten Blick die Entwicklungsmöglichkeiten in einem Großunternehmen vielfältiger erscheinen. Solche Imagekampagnen sind gut geeignet, zum einen Inhalte über das Unternehmen als Arbeitgeber zu vermitteln, zum anderen aber auch Informationen über die Branche zu geben und so deren Attraktivität in den Augen der Bewerberinnen zu erhöhen.[259]

Positive Beispiele für Employer Branding, das ein frauenfreundliches Image an die Zielgruppe transportiert, lassen sich außerhalb der Energiebranche finden. Die Metro Group stellt in ihrer Testimonialkampagne ihre Diversity-Philosophie und die vielfältigen Karrieremöglichkeiten heraus, indem sie fünf Führungsfrauen aus verschie-

---

[254] Vgl. Holst, E. u.a. (2012), S. 10f.
[255] Vgl. Heiß, M. (2011), S. 183.
[256] Vgl. Employer Branding Today (2010), www.employerbrandingtoday.com.
[257] Vgl. EnergyRelations GmbH (2012a), S. 10.
[258] Vgl. EnergyRelations GmbH (2012a), S. 21.
[259] Vgl. Röhr, U., Ruggieri, D. (2008), S. 23.

denen Ländern in Szene setzt.[260] Sowohl an Frauen als auch Männer richtet sich die Employer-Branding-Kampagne der Henkel AG, die mit ihrem Slogan „Excellence is our Passion“ ausdrücken will, dass sich Mitarbeiterinnen und Mitarbeiter als Teil eines internationalen Teams verstehen und mit Leidenschaft, Freude und Engagement täglich aufs Neue an ihre Arbeit gehen.[261] Hieraus können die Energieversorger Ideen für eigene Arbeitgeberimage-Kampagnen gewinnen.

Weiterhin ist wichtig, die Verantwortlichen bei Personalentscheidungen für die geschilderten unbewussten Mechanismen zu sensibilisieren, nach denen ähnlich erscheinende Bewerber bevorzugt werden. Mit einfachen Mitteln, die bislang nur wenige der Befragten nutzen, können die Bewerbungsverfahren so gestaltet werden, dass solche Wahrnehmungsverzerrungen weitgehend vermieden und subjektive Auswahlkriterien neutralisiert werden. Dazu gehören beispielsweise Bewertungsbögen für Bewerbungsunterlagen oder Leitfäden für Vorstellungsgespräche. Des Weiteren sollten sowohl männliche als auch weibliche Personen das Gespräch durchführen, damit in die Entscheidung die Sichtweisen beider Geschlechter einfließen. Transparenz bei der Stellenbesetzung, besonders bei internen Stellenausschreibungen, und eine offene Kommunikation im Unternehmen führen dazu, dass sich vermehrt Frauen auf Positionen bewerben, und stärken letztlich das Image nach außen.[262]

Wie schon im vorigen Abschnitt erläutert, stellt das fehlende Fach- beziehungsweise Branchenwissen für die Teilnehmer der Befragung eine Hürde bei der Einstellung von Frauen dar. Um nicht nur auf Fachkräfte aus der eigenen Branche zurückzugreifen, sondern sich das Arbeitskräftepotenzial des gesamten Arbeitsmarktes zu erschließen, müssen die Unternehmen in die Aus- und Weiterbildung der Mitarbeiter investieren. So haben Quereinsteiger eine Chance, in der Energiewirtschaft Fuß zu fassen. Die Energiewirtschaft ist eine Branche, die sich in ständigem Wandel befindet und derzeit einen großen Umbruch weg von der konventionellen Energie hin zu erneuerbaren Energien durchlebt. Weiterbildung ist deshalb genauso für den bestehenden Mitarbeiterstamm von existenzieller Bedeutung, um das Leistungsniveau konstant hoch und stets aktuell zu halten. Frauen müssen bei diesen Maßnahmen von der Planung bis zum Wissenstransfer einbezogen werden.[263] So kann sichergestellt werden, dass sie über dieselben

---

[260] Vgl. Metro Group (2011), www.metrogroup.de.
[261] Vgl. Henkel AG, www.henkel.de.
[262] Vgl. Holst, E. u.a. (2012), S. 10 f.
[263] Vgl. Holst, E. u.a. (2012), S. 10 f.

Voraussetzungen verfügen wie ihre männlichen Kollegen und sich auf dem gleichen aktuellen Stand befinden.

Die geschilderten Maßnahmen zielen auf die Berücksichtigung von Frauen bei der unmittelbaren Personalbeschaffung, der Mitarbeiterbindung und der Personalentwicklung ab. Die Unternehmen können sich aber auch langfristig engagieren, um das Potenzial an Frauen auf dem für die Energiewirtschaft interessanten Teil des Arbeitsmarkts zu vergrößern. Als Strategie gegen den von den Befragten benannten Fachkräftemangel im technischen Bereich erweisen sich Initiativen als sinnvoll, die Frauen in die technischen, männerdominierten Berufe zu bringen. Eine exzellente Möglichkeit stellt dazu der Girl's Day dar, der bereits von zwei Dritteln der Umfrageteilnehmer genutzt wird. Nur ein Drittel arbeitet mit Hochschulen zusammen, obwohl sich gerade aus einer solchen Kooperation vielfältige Chancen ableiten lassen. Beispielsweise können die Unternehmen Abschlussarbeiten betreuen oder gemeinsame Forschungsprojekte im Rahmen der Energiewende betreiben, bei denen sie potenzielle Bewerber kennenlernen können.

8.3 Kritische Reflexion

Die kritische Auseinandersetzung mit der Methodik und den Ergebnissen dieser Studie birgt Potenzial für die weitere Forschung, zeigt aber auch die Grenzen der vorliegenden Untersuchung auf.

8.3.1 Übertragung der Ergebnisse auf andere Forschungen

Diese Untersuchung beschränkte sich auf eine Stichprobe aus den beim Preisvergleichsportal verivox.de gelisteten Strom- und Gaslieferanten. Doch die Energiewirtschaft umfasst weit mehr Unternehmen als die zugrunde gelegten Energielieferanten. Unternehmen, die Strom aus konventionellen und erneuerbaren Rohstoffen erzeugen, wurden ebenso wenig betrachtet wie die, deren Unternehmenszweck Gasförderung beziehungsweise –speicherung ist. Zur Branche zählen weiterhin Netzbetreiber, die die Elektrizitäts- und Gasnetze betreiben, sowie zahlreiche Dienstleister rund um Energie. Die Übertragung der in dieser Studie gewonnenen Erkenntnisse auf diese Zweige der Energiewirtschaft ist gut denkbar. Jedoch muss geprüft werden, ob die in dieser Untersuchung aufgedeckten Zusammenhänge in gleichem Maße gelten.

Ähnlich verhält es sich beim Übertragen der Erkenntnisse dieser Studie auf andere Branchen. Die politische Diskussion und die Literatur induzieren, dass es sich bei der Frauenförderung um ein branchenübergreifendes Thema handelt. Die aufgezeigten unterschiedlichen und gegenüber der Energiewirtschaft meist höheren Frauenquoten an der Gesamtbeschäftigtenzahl lassen vermuten, dass Frauenförderung auf andere als die geschilderten Instrumente zurückgreifen muss, um erfolgreich zu sein. Ebenso bliebe zu prüfen, ob das hier für die Frauenförderung Gesagte gleichfalls für die Förderung der Beschäftigung von Männern in frauendominierten Branchen wie dem Gesundheits- und Sozialwesen oder dem Erziehungs- und Bildungsbereich gilt.

In der Praxis ist es unerlässlich, sich differenziert mit den verschiedenen Möglichkeiten der Frauenförderung auseinanderzusetzen. Jedes Unternehmen ist einzigartig. Die vorgestellten Instrumente bieten Anregung und eine erste Richtung, jedoch kann die spezielle Situation vor Ort andere Maßnahmen erforderlich machen. Es empfiehlt sich eine Erhebung im Unternehmen, um den konkreten Bedarf zu ermitteln. Bei der Umsetzung von Frauenförderung darf der zentrale Kritikpunkt nicht unterschätzt werden: die Ausgrenzung von Männern. Propagiert ein Unternehmen umfangreiche Frauenförderungsmaßnahmen, fühlen sich Frauen häufig diskriminiert und als unzureichend abgestempelt, Männer dagegen blicken neidisch auf die angebliche Bevorzugung des anderen Geschlechts.[264] Um eine Verschärfung der Konkurrenzsituation von Männern und Frauen zu vermeiden, sollte sich Gender Diversity ausdrücklich an beide Zielgruppen richten.

8.3.2 Grenzen dieser Untersuchung

Wie der Vergleich mit anderen Untersuchungen gezeigt hat, beschreibt die vorliegende Studie die Situation der Frauenbeschäftigung in der Energiewirtschaft hinreichend, obwohl nur eine vergleichsweise kleine Stichprobe bei einer genau definierten, ebenfalls recht überschaubaren Grundgesamtheit die Basis der Befragung bildet. Es könnte deshalb sein, dass sich die dargestellten aufgrund eines Zufalls ergeben haben und sich aus diesem Grund nicht auf die Grundgesamtheit aller Energieversorger übertragen lassen. Dies gilt umso mehr, weil die teilnehmenden Unternehmen eine gegenüber dem Branchendurchschnitt deutlich höhere Frauenquote aufweisen und somit dem Thema Frauenförderung aufgeschlossen gegenüberzustehen scheinen. Die angewandte deskrip-

---

[264] Vgl. Bendl, R. (2012), S. 256.

tive Statistik ist deshalb nur bedingt geeignet, die aufgestellten Hypothesen zu überprüfen.[265] Insbesondere die getroffenen Ableitungen, warum so wenige Frauen in der Energiewirtschaft beschäftigt sind und wie diesem Mangel abgeholfen werden kann, lassen deshalb nur eine Tendenz erkennen, wenngleich diese anhand von Literaturquellen untermauert werden konnte.

Die vorgenommene Befragung erfährt eine wesentliche Einschränkung dadurch, dass es sich um eine Stichtagsbetrachtung handelt. Trends in den Unternehmen sind daraus nicht ableitbar. Beispielsweise kann nicht gesagt werden, ob die Frauenquote in den großen Energieversorgungsunternehmen vor der Nutzung von Frauenförderungsinstrumenten noch niedriger war. Welche Auswirkung der Einsatz der verschiedenen Frauenförderungsinstrumente tatsächlich auf die Frauenquote hat, ließe sich mit einer Untersuchung der Beschäftigungsverhältnisse vor und nach der Umsetzung solcher Maßnahmen ermitteln.

Bei der eng definierten Grundgesamtheit wäre eine Befragung aller Strom- und Gaslieferanten wünschenswert gewesen, um deutlichere Tendenzen ableiten zu können. Des Weiteren hat sich im Verlauf der Untersuchung ergeben, dass es vorteilhaft wäre, einige Punkte im Anschluss an die Befragung durch persönliche Interviews zu vertiefen. Beispielsweise hätten die Motivation der Unternehmen für die Implementierung einer Gleichbehandlungspolitik und die Beweggründe für die Auswahl der verwendeten Frauenförderungsinstrumente hinterfragt werden können.

Im Rahmen dieser Studie konnte die Wirkung einer Frauenquote auf die tatsächliche Beschäftigungszahl von Frauen nicht untersucht werden, denn nur ein Teilnehmer überhaupt hat sich eine Frauenquote zum Ziel gesetzt. Das Thema Frauenquoten wird aktuell kontrovers diskutiert. Die Europäische Kommission hat im November 2012 einen Vorschlag für eine Richtlinie vorgelegt, nach der in den Aufsichtsräten börsennotierter Unternehmen 40 % Frauen sitzen sollen.[266] In ihrer Begründung gibt sie an, dass die größten Erfolge in EU-Mitgliedstaaten mit fester Quote wie beispielsweise Frankreich und Norwegen zu verzeichnen sind, während Länder mit freiwilliger Selbstverpflichtung keine nennenswerten Zuwächse an weiblichen Aufsichtsratsmitgliedern belegen können.[267] Einer Eurobarometer-Umfrage zufolge sind 26 % der Europäer für

---

[265] Vgl. Bortz, J., Döring, N. (2006), S. 379.
[266] Vgl. Europäische Kommission (2012), S. 7.
[267] Vgl. Europäische Kommission (2012), S. 2.

eine solche gesetzliche Vorgabe.[268] Mit 31 % überwiegen aber die Befürworter freiwilliger Selbstverpflichtungen der Unternehmen. Auch in Deutschland sind die Meinungen geteilt: Bundeskanzlerin Merkel spricht sich gegen eine gesetzliche Frauenquote für Führungsgremien aus, Arbeitsministerin von der Leyen steht für eine staatliche Quotenregelung.[269]

Diese Studie hat den Schwerpunkt ausdrücklich auf die Frauenförderung gelegt. Fokussiert sich ein Unternehmen aber ausschließlich auf die Weiterentwicklung von Frauenförderungsmaßnahmen, vernachlässigt es eine Betrachtung intersektionaler Prozesse.[270] Es ist deshalb unabdingbar, dass sich die einzelnen Maßnahmen zur Förderung der Vielfalt ergänzen und das Diversity-Konzept ganzheitlich verfolgt wird. Die vorgenommene Betrachtung der Frauenförderung als ein Aspekt von Diversity kann deshalb nur ein erster Ansatz sein, sich mit dem Thema auseinanderzusetzen. Nur mit der Einbeziehung der anderen Diskriminierungsmerkmale gewinnt Diversity an Tiefe und alle Chancen können genutzt werden.

Die Ausführungen in dieser Studie betrachten nur die Arbeitgeberseite. Ein Umdenken ist aber auch auf Seiten der Frauen erforderlich. Wünschenswert ist ein größeres Interesse für Energie und technische Themen, Aufgeschlossenheit gegenüber einem spannenden Markt, der sich ständig in Bewegung befindet, und ein selbstbewusstes Fordern von Tätigkeitsfeldern und Positionen, für die die Frauen genauso qualifiziert sind wie die Männer. Noch fehlen weibliche Vorbilder. Doch je mehr Frauen in den technischen Bereichen der Energiewirtschaft arbeiten und je häufiger sie Führungspositionen innehaben, desto eher werden die althergebrachten Rollenvorstellungen verschwinden.[271]

9 Zusammenfassung und Ausblick

Gegenstand der vorliegenden Studie war primär die Analyse der Beschäftigungssituation von Frauen in der Energiewirtschaft und die deskriptive Aufarbeitung der Frauenförderung in dieser Branche. Die Energieversorgungsunternehmen nehmen eine Schlusslichtfunktion ein, was die Beschäftigungsquoten von Frauen sowohl bezogen auf die Gesamtbeschäftigtenzahlen als auch auf die Führungspositionen angeht. Aus den Ergebnissen der empirischen Befragung ließen sich die wesentlichen Hinderungsgründe

[268] Vgl. Europäische Kommission (2012), S. 9.
[269] Vgl. tagesschau.de (2012), www.tagesschau.de.
[270] Vgl. Bendl, R. (2012), S. 253.
[271] Vgl. Heiß, M. (2011), S. 203.

für diese Quoten ableiten. Frauenförderung wird in den Unternehmen ein ganz unterschiedlicher Stellenwert beigemessen. Die eingesetzten Instrumente reichen von Einzelmaßnahmen bis zu einer schriftlich fixierten Gleichstellungspolitik mit umfangreichen Fördermaßnahmen.

Aus der Untersuchung lässt sich schlussfolgern, dass Frauenförderungsprogramme zu einer verstärkten Beschäftigung von Frauen führen, wenn sie in eine entsprechende Unternehmensstrategie eingebunden sind. Die Unterstützung und Förderung weiblicher Beschäftigter ist Einstellungssache und muss von oben aus der Unternehmensleitung nach unten in die einzelnen Bereiche getragen werden. Noch macht es Sinn, von Frauenförderungsprogrammen zu sprechen. Ziel sollten aber Gleichstellungsprogramme sein, die die Interessen von Frauen und Männern in ihren jeweiligen Lebenskonzepten berücksichtigen und es beiden Geschlechtern ermöglichen, sich gleichberechtigt in den betrieblichen Wertschöpfungsprozess einzubringen.

Diese Studie hat gezeigt, dass sich Gender Diversity nicht auf die Personalbeschaffung beschränkt, sondern auf alle Wertschöpfungsstufen des Personalmanagements ausstrahlt. Als integriertes Konzept hat sie beste Erfolgsaussichten, auch wenn Gleichstellung nicht von heute auf morgen funktioniert. Sie muss, wie eine der Befragten gesagt hat, immer wieder neu erkämpft werden, denn einmal Erreichtes bleibt nicht einfach bestehen.

Die wachsende Einsicht der Politik und auch der Unternehmen führte bisher nicht zu einer größeren geschlechtlichen Diversifizierung. Trotz aller kritischen Anmerkungen ist der Gesetzgeber gefordert, die Gleichstellung stärker voranzutreiben. Insofern bleibt abzuwarten, welche Resonanz der Gesetzesentwurf der Europäischen Kommission zur Einführung einer Frauenquote von 40 % in Vorständen von börsennotierten Unternehmen erzeugen wird. Fakt ist letztlich, dass wirkliche Gleichberechtigung nicht durch eine Quote erreicht werden kann.[272] Dazu ist es erforderlich, die Ursachen für die Diskriminierung abzustellen. Eine Quote kann aber ein erster Schritt sein, dass Frauen zumindest in Führungspositionen stärker präsent sind – ein Bereich, in dem die Unternehmen der Energiewirtschaft großen Nachholbedarf haben.

Frauenförderung ist kein Etikett zur bloßen Erhöhung der Arbeitgeberattraktivität. Sie ist eine Notwendigkeit, weil nur durch die Nutzung aller verfügbaren Kompetenzen und

---

[272] Vgl. Heiß, M. (2011), S. 31.

durch differenzierte Sichtweisen Unternehmenswachstum möglich ist. So haben die Energieversorger die Chance, sich in einem volatilen Markt zu behaupten und den steigenden Anforderungen gewachsen zu sein.

Die Zukunftsperspektiven der Energieversorger werden durch die Energiewende neu ausgerichtet. Durch den Atomausstieg führt der Weg von konventioneller Energie zu erneuerbaren Energien. Intelligente Stromnetze gewinnen an Bedeutung und mit der Elektromobilität ist ein neuer branchennaher Wirtschaftszweig entstanden. Vor diesem Hintergrund müssen die Energieversorger ihre Personalpolitik überdenken und neue, andere Qualifikationen, Kompetenzen und Talente einsetzen. Für Frauen ergibt sich hier ein breites Feld an Einsatzmöglichkeiten. Wünschenswert wäre deshalb, wenn durch die vorliegende Studie die Energieversorgungsunternehmen sensibilisiert werden und sie das bislang ungenutzte weibliche Potenzial für sich erschließen.

Eine grundsätzliche, eher philosophische Frage bleibt dennoch stehen:[273] Erfordert die verstärkte Beschäftigung von Frauen in der Energiewirtschaft zunächst ein gesellschaftliches Umdenken oder kann das Handeln einzelner Verantwortlicher, das Vorbild einzelner Energieversorger in Zukunft zu einem gesellschaftlichen Wandel führen? In den Worten von Gertrud Höhler verbirgt sich vielleicht die Antwort: „Das Erfolgsgeheimnis aller Kulturen ist die Ergänzung der Kräfte: Er gleicht ihre, sie gleicht seine Fehler aus – und schon entsteht Zukunft.“[274]

---

[273] Vgl. Heiß, M. (2011), S. 180.
[274] Höhler, G. (2007), S. 7.

Quellenverzeichnis

Literaturquellen:

Aichele, Christian (2012): Smart Energy – Von der reaktiven Kundenverwaltung zum proaktiven Kundenmanagement, Wiesbaden 2012

Aretz, Hans-Jürgen, Hansen, Katrin (2002): Diversity und Diversity Management im Unternehmen – Ein Analyse aus systemtheoretischer Sicht, Münster Hamburg London 2002

Bauer, Jobst-Hubertus, Göpfert, Burkhard, Krieger, Steffen (2008): Allgemeines Gleichbehandlungsgesetz – Kommentar, 2. Aufl., München 2008

Becker, Larissa (2000): Personalmanagement als Wertschöpfungskette – Systematisierung und organisatorische Gestaltung des Personalwesens, Arbeitspapier Nr. 1/2000 der Professur für Betriebswirtschaftslehre II der Justus-Liebig-Universität Gießen, Gießen 2000

Beiten, Maria (2005): Familienfreundliche Maßnahmen im Unternehmen In Bröckermann, Reiner (Hrsg.): Praxisorientierte Personal- und Organisationsforschung, Bd. 6, München Mering 2005

Bendl, Regine, Hanappi-Egger, Edeltraud, Hofmann Roswitha (Hrsg.) (2012): Diversität und Diversitätsmanagement, Wien 2012

Bendl, Regine (2012): Das Verhältnis von Chancengleichheitsprogrammen und Gender Mainstreaming zu Diversitätsmanagement – eine vergleichende Darstellung. In Bendl, Regine, Hanappi-Egger, Edeltraud, Hofmann Roswitha (Hrsg.): Diversität und Diversitätsmanagement, Wien 2012, S. 237 – 264

Berthel, Jürgen, Becker, Fred G. (2010): Personal-Management – Grundzüge für Konzeptionen betrieblicher Personalarbeit, 9. Aufl., Stuttgart 2010

Bortz, Jürgen, Döring, Nicola (2006): Forschungsmethoden und Evaluation für Human- und Sozialwissenschaftler, 4. Aufl., Heidelberg 2006

Bourier, Günther (2012): Beschreibende Statistik – Praxisorientierte Einführung, 10. Aufl., Wiesbaden 2012

Bröckermann, Reiner (2012): Personalwirtschaft – Lehr- und Übungsbuch für Human Resource Management, 6. Aufl., Stuttgart 2012

Bühlmann, Beatrice (1997): Lernkonzepte maßgeschneidert: Von der Praxisberatung bis zur Teamentwicklung. In Stalder, Beatrice (Hrsg.) (1997): Frauenförderung konkret – Handbuch zur Weiterbildung im Betrieb, Zürich 1997, S. 177 – 198

Eberherr, Helga (2012): Intersektionalität und Sterotypisierung: Grundlegende Theorien und Konzepte in der Organisationsforschung. In Bendl, Regine, Hanappi-Egger, Edeltraud, Hofmann Roswitha (Hrsg.): Diversität und Diversitätsmanagement, Wien 2012, S. 61 – 78

Ernst & Young GmbH (Hrsg.) (2012): Stadtwerkestudie – Stadtwerke: Gestalter der Energiewende 2012, Düsseldorf 2012

Fetz, Anita, Orendi, Bennina: Betriebliche Laufbahnentwicklung für Frauen: Ein innovatives, praxisorientiertes Projekt. In Stalder, Beatrice (Hrsg.) (1997): Frauenförderung konkret – Handbuch zur Weiterbildung im Betrieb, Zürich 1997, S. 199 – 213

Gräfrath, Bernd (1992): Wie gerecht ist die Frauenquote? – Eine praktisch-philosophische Untersuchung, Würzburg 1992

Hanappi-Egger, Edeltraud (2012): Die Rolle von Gender und Diverstität in Organisationen: Eine organisationstheoretische Einführung. In Bendl, Regine, Hanappi-Egger, Edeltraud, Hofmann Roswitha (Hrsg.): Diversität und Diversitätsmanagement, Wien 2012, S. 175 - 202

Hansen, Katrin (2002): Frauenspezifische Aspekte des Personalmarketings. In Bröckermann, Rainer, Pepels, Werner (Hrsg.): Personalmarketing Akquisition – Bindung – Freistellung, Stuttgart 2002, S. 116 – 143

Hardach, Gerd (2008): Altersarbeit, Alterseinkommen und Altersstruktur in Deutschland seit dem Neunzehnten Jahrhundert. In Jahrbuch für Wirtschaftsgeschichte, Band 2008/1 Arbeit im Lebenszyklus, Berlin 2008, S. 77 – 104.

Heiß, Marianne (2011): Yes, she can – Die Zukunft des Managements ist weiblich. München 2011.

Hetzel, Christian, Wellmann, Holger (2012): Finanzierungsmöglichkeiten der Betrieblichen Gesundheitsförderung. In Froböse, Ingo, Wellmann, Holger, Weber, Andreas (Hrsg.): Betriebliche Gesundheitsförderung – Möglichkeiten der betriebswirtschaftlichen Bewertung, 2. Aufl., Wiesbaden 2012, S. 225 – 234

Heymann, Eric, Koppel, Oliver, Puls, Thomas (2013): Evolution statt Revolution – die Zukunft der Elektromobilität, Köln 2013

Höhler, Gertrud (2007): Ohne Frauen machen Männer viele Fehler. Bielefeld 2007

Holst, Elke, Busch, Anne, Kröger, Lea (2012): Führungskräfte Monitor 2012 – Update 2001 - 2010, in: Deutsches Institut für Wirtschaftsforschung (DIW Berlin) (Hrsg.), Politikberatung kompakt; Nr. 65, Berlin 2012

Huber, Frank, Meyer, Frederik, Müller, Sandra, Vollmann, Stefan (2009): Ist nach der Krise vor der Krise? Wie wählen Hochschulstudenten ihren zukünftigen Arbeitgeber in der Finanzbranche? Mainz 2009

Kirchler, Erich, Meier-Pesti, Katja, Hofmann, Eva (2011): Menschenbilder. In Kirchler, Erich (Hrsg.): Arbeits- und Organisationspsychologie, 3. Aufl., Wien 2011, S. 17 – 198

Klammer, Ute, Neukirch, Sabine, Weßler-Poßberg, Dagmar (2012): Wenn Mama das Geld verdient – Familienernährerinnen zwischen Prekariat und neuen Rollenbildern, Berlin 2012

Krell, Gertraude (2002): Diversity Management – Optionen für (mehr) Frauen in Führungspositionen? In Peters, Sybille, Bensel, Norbert (Hrsg.): Frauen und Männer im Management – Diversity in Diskurs und Praxis, 2. Aufl., Wiesbaden 2002, S. 106 – 120.

Krell, Gertraude, Sieben, Barbara (2010): Diversity Management. In Massing, Peter (Hrsg.): Gender und Diversity – Vielfalt verstehen und gestalten, Schwalbach/Ts. 2010, S. 45 – 61

Kunz O'Neill, Christine (2004): Frauen in der Führung – Mythen und Fakten, Aarau 2004

von Kutzschenbach, Claus (2011): Frauen Männer Management – Führung und Team neu denken, 3. Aufl., Leonberg 2004

Langenscheidt: Wörterbuch Lateinisch – Deutsch, Berlin München 2008.

Loffing, Dina, Loffing, Christian (2010): Mitarbeiterbindung ist lernbar – Praxiswissen für Führungskräfte in Gesundheitsfachberufen, Berlin Heidelberg 2010

Massing, Peter (Hrsg.) (2010): Gender und Diversity – Vielfalt verstehen und gestalten, Schwalbach/Ts. 2010

Mayer, Horst O. (2008): Interview und schriftliche Befragung – Entwicklung, Durchführung, Auswertung, 4. Aufl., München 2008

Onnen-Isemann, Corinna, Bollmann, Vera (2010): Studienbuch Gender & Diversity – Eine Einführung in Fragestellungen, Theorien und Methoden, Frankfurt am Main 2010

von Passavant, Christina (1997a): Coaching für Führungsfrauen und Frauen in Schlüsselpositionen. In Stalder, Beatrice (Hrsg.) (1997): Frauenförderung konkret – Handbuch zur Weiterbildung im Betrieb, Zürich 1997, S. 229 – 244

von Passavant, Christina (1997b): Organisationsentwicklung: Chance für Frauen in Reorganisationsprozessen. In Stalder, Beatrice (Hrsg.) (1997): Frauenförderung konkret – Handbuch zur Weiterbildung im Betrieb, Zürich 1997, S. 263 – 275

Porst, Rolf (2011): Fragebogen – Ein Arbeitsbuch, 3. Aufl., Wiesbaden 2011

Raithel, Jürgen (2006): Quantitative Forschung – Ein Praxiskurs, Wiesbaden 2006

Reichmann, Thomas (2006): Controlling mit Kennzahlen und Managementberichten, 7. Aufl., München 2006

Sauermann, Peter (2002): Personalmotivierung, in Bröckermann, Rainer/Pepels, Werner (Hrsg.) (2002): Personalmarketing Akquisition – Bindung – Freistellung, Stuttgart 2002, S. 227 - 244

Schiek, Dagmar (Hrsg.) (2007): Allgemeines Gleichbehandlungsgesetz (AGG) – Ein Kommentar aus europäischer Perspektive, München 2007

Schiersmann, Christiane (1997): Frauen und berufliche Weiterbildung – Erfahrungen und neue Projekte: Eine Bilanz aus Deutschland. In Stalder, Beatrice (Hrsg.) (1997): Frauenförderung konkret – Handbuch zur Weiterbildung im Betrieb, Zürich 1997, S. 277 – 293

Schneider, Barbara (2011): Fleißige Frauen arbeiten, schlaue steigen auf – Wie Frauen in Führung gehen, München 2011

Scholl, Armin (2009): Die Befragung, 2. Aufl., Konstanz 2009

Sepehri, Paivand, Wagner, Dieter (2002): Diversity und Managing Diversity – Verständnisfragen, Zusammenhänge und theoretische Erkenntnisse. In Peters, Sybille, Bensel, Norbert (Hrsg.): Frauen und Männer im Management – Diversity in Diskurs und Praxis, 2. Aufl., Wiesbaden 2002, S. 121 – 142

Simon, Hermann, Wiltinger, Kai, Sebastian, Karl-Heinz, Tacke, Georg (1995): Effektives Personalmarketing, Wiesbaden 1995

Sprachmann, Karin (2005): … Schwestern zur Freiheit – Förderpläne für Chancengleichheit, Wien Köln Weimar 2005

Stalder, Beatrice (Hrsg.) (1997): Frauenförderung konkret – Handbuch zur Weiterbildung im Betrieb, Zürich 1997

Stoecker, Daniele, Galiläer, Lutz (2008): Frauen in technische Berufe! Tipps für den Mittelstand, Leitfaden für die Bildungspraxis, Bd. 27, Bielefeld 2008

Vinz, Dagmar, Schiederig, Katharina (2010): Gender und Diversity – Vielfalt verstehen und gestalten. In Massing, Peter (Hrsg.): Gender und Diversity – Vielfalt verstehen und gestalten, Schwalbach/Ts. 2010, S. 13 - 44

Wald, Peter M. (2011): Script Nr. 1 zur Vorlesung Personalmanagement an der FOM Leipzig, ohne Ort, 2011

Wellmann, Holger (2012): Einleitung In Froböse, Ingo, Wellmann, Holger, Weber, Andreas (Hrsg.): Betriebliche Gesundheitsförderung – Möglichkeiten der betriebswirtschaftlichen Bewertung, 2. Aufl., Wiesbaden 2012, S. 9 – 18

Welpe, Ingelore, Schmeck, Marike (2005): Kompaktwissen Gender in Organisationen, Frankfurt am Main 2005

Welpe, Ingelore, Welpe, Isabell (2003): Frauen sind besser – Männer auch – Das Gender-Management, Wien 2003

Wolff, Heike (2011): Entwicklung eines Vertriebskennzahlensystems für Stadtwerke, München 2011

Internetquellen

BDEW Bundesverband der Energie- und Wasserwirtschaft e. V., Bundesministerium für Familie, Senioren, Frauen und Jugend (2012): Vereinbarkeit von Beruf und Familie in Unternehmen der Energie- und Wasserwirtschaft. URL: http://www.bdew.de/internet.nsf/id/beitrag-zur-vereinbarkeit-von-beruf-und-familie-die-bdew-familienbroschuere-d, Abruf am 01.10.12

Bundesministerium für Familie, Senioren, Frauen und Jugend (2004): Frauen in Deutschland – Von der Frauen- zur Gleichstellungspolitik. URL: http://www.bmfsfj.de/BMFSFJ/Service/Publikationen/publikationsliste,did=5606.html, Abruf am 07.11.2012

Bundesministerium für Familie, Senioren, Frauen und Jugend (2005a): Gender-Datenreport. URL: http://www.bmfsfj.de/Publikationen/genderreport/root.html, Abruf am 07.11.2012

Bundesministerium für Familie, Senioren, Frauen und Jugend (2005b): Work-Life-Balance – Motor für wirtschaftliches Wachstum und gesellschaftliche Stabilität. URL: http://www.bmfsfj.de/BMFSFJ/Service/Publikationen/publikationsliste,did=29834.html, Abruf am 19.11.2012

Deutscher Bundestag – Dokumentations- und Informationssystem (2006): Gesetzesentwurf zur Umsetzung europäischer Richtlinien zur Verwirklichung des Grundsatzes der Gleichbehandlung, BT-DS 16/1780. URL: http://dip21.bundestag.de/dip21/btd/16/017/1601780.pdf, Abruf am 03.11.2012

Employer Branding Today (2010): Karriere? Ja, gern! Das Potenzial der Frauen im Berufsleben, Artikel vom 08.12.2010, URL: http://www.employerbrandingtoday.com/de/2010/12/08/karriere-ja-gern-das-potenzial-der-frauen-im-berufsleben/#more-874, Abruf am 21.12.2012

Employer Branding Today (2011): Deutsche Studenten vertrauen auf beste Jobchancen, Artikel vom 04.07.2011, URL: http://www.employerbrandingtoday.com/de/2011/07/04/pan-europaeische_studentenstudie_2011/#more-1102, Abruf am 14.11.2012

EnergyRelations GmbH (2012a): Arbeitgeberimage Energie 2012 – Studie über die Arbeitgeberattraktivität der Energiewirtschaft in Deutschland. URL: http://www.energyrelations.de/arbeitgeberimage-energie/, Abruf am 29.11.2012

EnergyRelations GmbH (2012b): Berufe der Energiewirtschaft im Überblick. URL: https://www.energycareer.net/bewerber/energie_markt/energie_berufe, Abruf am 13.12.2012

Europäische Kommission (2012): Vorschlag für eine RICHTLINIE DES EUROPÄISCHEN PARLAMENTS UND DES RATES zur Gewährleistung einer ausgewogeneren Vertretung von Frauen und Männern unter den nicht geschäftsführenden Direktoren/Aufsichtsratsmitgliedern börsennotierter Gesellschaften und über damit zusammenhängende Maßnahmen vom 14.11.2012. URL: http://eur-lex.europa.eu/LexUriServ/LexUriServ.do?uri=COM:2012:0614:FIN:DE:PDF, Abruf am 28.12.2012

Henkel AG (2012): Employer Branding, URL: http://www.henkel.de/presse/dossier-employer-branding-36730.htm, Abruf am 28.12.2012

Holst, Elke, Schimeta, Julia (2011): 29 von 906: Weiterhin kaum Frauen in Top-Gremien großer Unternehmen, in: Wochenbericht des DIW Berlin, Nr. 3/2011 vom 18. Januar 2011. URL: http://www.diw.de/documents/publikationen/73/diw_01.c.366825.de/11-3-1.pdf, Abruf am 06.10.2012

Kay, Rosemarie, Suprinoviĉ, Olga, Werner, Arndt (2010): Deckung des Fachkräftebedarfs in kleinen und mittleren Unternehmen – Situationsanalyse und Handlungsempfehlungen, IfM-Materialien Nr. 200. URL: http://www.ifm-bonn.org/assets/documents/IfM-Materialien-200.pdf, Abruf am 10.11.2012

McKinsey & Company (2009): High Potentials möchten gern im Ausland arbeiten, Pressemitteilung vom 27. Oktober 2009. URL: http://www.mckinsey.de/html/presse/2009/20091027_most_wanted_2009.asp, Abruf am 14.11.2012

McKinsey & Company (2012): Performance Steigerung durch Frauen an der Spitze – Womans matter 1. URL: http://www.mckinsey.de/html/publikationen/women_matter/2007/women_matter_01.asp, Abruf am 08.10.2012

Metro Group (2011): Die Testimonialkampagne der Metro Group, URL: http://www.metrogroup.de/internet/site/metrogroup/node/221646/Lde/index.html, Abruf am 28.12.2012

Neusüß, Claudia (2009): Wirtschaftskrise – Neue Chancen für mehr Gender Diversity? In News, Magazin des Frauenpolitischen Forums an der TU Berlin, Ausgabe Wintersemester 2009/2010, S. 4 – 6, URL: http://www.tu-berlin.de/fileadmin/i31/News-WiSe09.pdf, Abruf am 30.10.2012

Röhr, Ulrike, Ruggieri, Deborah (2008): Erneuerbare Energien – ein Arbeitsmarkt für Frauen! URL: http://www.life-online.de/download/publication/erneuerbare_brosch_web.pdf, Abruf am 06.10.2012

Statistisches Bundesamt (2006): Frauen in Deutschland 2006. URL: https://www.destatis.de/DE/Publikationen/Thematisch/Bevoelkerung/Bevoelkerungsstand/BlickpunktFraueninDeutschland.html, Abruf am 09.01.2013.

Statistisches Bundesamt (2009): Verdienste und Arbeitskosten, Verdienststrukturerhebung 2006, Verdienste nach Berufen, URL: https://www.destatis.de/DE/ZahlenFakten/GesamtwirtschaftUmwelt/VerdiensteArbeitskosten/VerdiensteBerufe/VerdiensteBerufe.html, Abruf am 04.10.2012

Statistisches Bundesamt (2012a): Statistik d. sozialversicherungspfl. Beschäftigten, Sozialversicherungspflichtig Beschäftigte am Arbeitsort: Deutschland, Stichtag, Beschäftigungsumfang, Geschlecht, Wirtschaftszweige. Abfrage aus der Genesis-Online-Datenbank, URL: https://www-genesis.destatis.de/genesis/online, Abruf am 06.10.2012

Statistisches Bundesamt (2012b): Bildung und Kultur, Berufliche Bildung, Ausbildungsjahr 2011, Fachserie 11, Reihe 3, Wiesbaden 2012. URL: https://www.destatis.de/DE/Publikationen/Thematisch/BildungForschungKultur/BeruflicheBildung/BeruflicheBildung.html, Abruf am 04.10.2012

Statistisches Bundesamt (2012c): Bildung und Kultur – Studierende an Hochschulen, Vorbericht, Fachserie 11, Reihe 4.1, Wiesbaden 2012. URL: https://www.destatis.de/DE/Publikationen/Thematisch/BildungForschungKultur/Hochschulen/StudierendeHochschulenVorb.html, Abruf am 19.12.2012

Statistisches Bundesamt (2012d): Niedriglohn und Beschäftigung 2010, Begleitmaterial zur Pressekonferenz am 10. September 2012 in Berlin, https://www.destatis.de/DE/PresseService/Presse/Pressekonferenzen/2012/niedriglohn/begleitmaterial_PDF.pdf?__blob=publicationFile, Abruf am 04.10.12

Statistisches Bundesamt (2012e): Gender Pay Gap, URL: https://www.destatis.de/DE/ZahlenFakten/GesamtwirtschaftUmwelt/VerdiensteArbeitskosten/VerdienstunterschiedeMaennerFrauen/VerdienstunterschiedeMaennerFrauen.html, Abruf am 08.10.2012

Statistisches Bundesamt (2012f): Verdienste nach Branchen URL: https://www.destatis.de/DE/ZahlenFakten/GesamtwirtschaftUmwelt/VerdiensteArbeitskosten/VerdiensteBranchen/Tabellen/Bruttojahresverdienst.html, Abruf am 08.10.12

tagesschau.de (2012): EU-Kommission will Frauenquote in Aufsichtsräten vom 14.11.2012. Norddeutscher Rundfunk, Anstalt des öffentlichen Rechts, URL: http://www.tagesschau.de/wirtschaft/frauenquote216.html, Abruf am 28.12.2012

Verivox.de - Verbraucherportal für Energie und Telekommunikation: www.verivox.de, Zugriff im Zeitraum vom 01.10.12 - 01.12.12

Anhang

Anhang A: Fragebogen für die Befragung zur Frauenförderung in Energieversorgungsunternehmen

Befragung von Energieversorgungsunternehmen zu Gender Diversity

Seite 1 von 6

Sehr geehrte Damen und Herren,

im Rahmen meines nebenberuflichen Studiums in Human Resources an der FOM Hochschule für Oekonomie & Management Leipzig erstelle ich eine Master-Thesis zum Thema **„Gender Diversity in Energieversorgungsunternehmen - Eine branchenspezifische Analyse der Frauenförderung".**

Dieser Fragebogen dient als Grundlage für meine Master-Arbeit. Ich bitte Sie deshalb um Ihre Mithilfe bis 10.12.2012.

Der Fragebogen besteht aus fünf Punkten:
A: Allgemeine Angaben
B: Angaben zur Beschäftigungssituation von Frauen in Ihrem Unternehmen
C: Angaben zur Frauenförderung
D: Einschätzungen zum Fachkräftemangel und zur Personalpolitik in der Energiewende
E: Angaben zum Absender
Sie benötigen für die Beantwortung ca. 15 min.

Ihre E-Mail-Adresse ist durch ein statistisches Zufallsverfahren aus den bei www.verivox.de gelisteten Strom- und Gasanbietern in die Befragtenstichprobe gelangt. Die Teilnahme an dieser Befragung ist freiwillig. Alle Ihre Angaben werden streng vertraulich behandelt und ausschließlich anonym und zusammengefasst verwendet.

Als kleines Dankeschön stelle ich Ihnen auf Wunsch meine Master-Arbeit nach der Bewertung als PDF zur Verfügung. Rückfragen beantworte ich Ihnen unter den nachfolgenden Kontaktdaten.
Für Ihre Teilnahme bedanke ich mich sehr herzlich.

Heike Wolff
Kochstraße 48
04275 Leipzig
Tel. 0171-120 8868
E-Mail: heikewolff(at)ymail.com

A. Allgemeine Angaben

1 Wieviel direkt angeschlossene Kunden hatte Ihr Unternehmen im vergangenen Geschäftsjahr?

- ○ weniger als 20.000
- ○ 20.000 bis weniger als 50.000
- ○ 50.000 bis weniger als 100.000
- ○ 100.000 bis weniger als 200.000
- ○ mehr als 200.000

2 Zählt Ihr Unternehmen zu den Unternehmen der öffentlichen Hand?

- ○ ja
- ○ nein

3 Wie viele Mitarbeiter waren am 31.12.2011 in Ihrem Unternehmen beschäftigt?

- ○ weniger als 100
- ○ 100 bis weniger als 250
- ○ 250 bis weniger als 500
- ○ 500 bis weniger als 1.000
- ○ mehr als 1.000

Weiter zur Seite 2 >

Die Umfrage wurde erstellt mit Hilfe von Q-Set.de.

Veranstalter der Umfrage: Frau Heike Wolff, E-Mail: heikewolff(at)ymail.com

Befragung von Energieversorgungsunternehmen zu Gender Diversity

Seite 2 von 6 | Fragebogen speichern

B. Die Beschäftigungssituation von Frauen in Ihrem Unternehmen

4 Wie hoch war am 31.12.2011 der Anteil von Frauen an der Gesamtarbeitnehmerzahl in Ihrem Unternehmen?

○ weniger als 10 % ○ 10 % bis weniger als 20 %

○ 20 % bis weniger als 30 % ○ 30 % bis weniger als 40 %

○ 40 % bis weniger als 50 % ○ mehr als 50 %

5 Wieviel Prozent Frauen arbeiteten am 31.12.2011 in den nachstehenden Bereichen in Ihrem Unternehmen?

	weniger als 10 %	10 % bis weniger als 20 %	20 % bis weniger als 30 %	30 % bis weniger als 40 %	40 % bis weniger als 50 %	50 % bis weniger als 60 %	60 % bis weniger als 70 %	70 % bis weniger als 80 %	80 % bis weniger als 90 %	mehr als 90 %	weiß nicht
Vertrieb, Marketing, Energiebeschaffung	○	○	○	○	○	○	○	○	○	○	○
Kaufmännischer Bereich incl. Personal, Rechtsabteilung, Sekretariat	○	○	○	○	○	○	○	○	○	○	○
Kundenservice, Verbrauchsabrechnung	○	○	○	○	○	○	○	○	○	○	○
Technischer Bereich, Netzplanung und -steuerung, EDM, IT	○	○	○	○	○	○	○	○	○	○	○
handwerklicher Bereich, Wartung/Instandsetzung, Installation	○	○	○	○	○	○	○	○	○	○	○

6 Wieviel Prozent der Führungskräfte in Ihrem Unternehmen sind weiblich?

○ weniger als 10 % ○ 10 % bis weniger als 20 %

○ 20 % bis weniger als 30 % ○ 30 % bis weniger als 40 %

○ 40 % bis weniger als 50 % ○ mehr als 50 %

7 Die Energiewirtschaft zählt neben dem Baugewerbe und dem Bergbau zu den drei Branchen mit den niedrigsten Frauenquoten. Warum arbeiten Ihrer Ansicht nach so wenige Frauen in der Energiewirtschaft?

	trifft voll zu	trifft überwiegend zu	trifft überwiegend nicht zu	trifft überhaupt nicht zu	weiß nicht
Frauen fehlt eine technische Ausbildung/ein Ingenieursstudium	○	○	○	○	○
Männer stellen Männer ein	○	○	○	○	○
Frauen sind nicht ausreichend qualifiziert	○	○	○	○	○
mangelnde Aufstiegschancen	○	○	○	○	○
Branche hat kein familienfreundliches Image	○	○	○	○	○
Strom, Gas und Technik sind Männersache	○	○	○	○	○
Branche übernimmt nicht genug Verantwortung für Gesellschaft und Umwelt	○	○	○	○	○

< Zurück zu Seite 1 Weiter zur Seite 3 >

Die Umfrage wurde erstellt mit Hilfe von Q-Set.de.

Veranstalter der Umfrage: Frau Heike Wolff, E-Mail: heikewolff(at)ymail.com

Befragung von Energieversorgungsunternehmen zu Gender Diversity

Seite 3 von 6 | Fragebogen speichern

C. Angaben zur Frauenförderung

Allgemeine Angaben zur Frauenförderung

8 Betreibt Ihr Unternehmen in irgendeiner Form Gleichstellungspolitik?

- ja
- nein

Wenn ja:

Ist die Gleichstellungspolitik schriftlich festgehalten, z.B. in einer Richtlinie oder im Unternehmensleitbild?

- ja
- nein

Wird die Gleichstellungspolitik Ihrer Ansicht nach im Unternehmen aktiv gelebt?

- ja
- nein

9 Gibt es in Ihrem Unternehmen eine Gleichstellungsbeauftragte?

- ja
- nein

10 Inwieweit werden in Ihrem Unternehmen geschlechtsspezifische Kennzahlen gemessen?

Beispiel: Anteil Frauen an den Beschäftigten

- auf Abteilungsebene
- für das gesamte Unternehmen
- es werden keine geschlechtsspezifischen Kennzahlen erfasst

11 Hat sich Ihr Unternehmen eine allgemeine Frauenquote über alle Hierarchieebenen zum Ziel gesetzt?

- ja
- nein

Wenn ja:
Wie hoch ist diese? ______ Prozent

12 Hat sich Ihr Unternehmen eine Frauenquote für Führungspositionen zum Ziel gesetzt?

- ja
- nein

wenn ja:
Wie hoch ist diese? ______ Prozent

13 Wie wichtig ist Ihrer Meinung nach die explizite Berücksichtigung von Frauen bei den nachstehenden Personalthemen?

	sehr wichtig	wichtig	weniger wichtig	unwichtig	keine Angabe
Personalentwicklung	○	○	○	○	○
Aus- und Weiterbildung	○	○	○	○	○
Personalmarketing und Recruiting	○	○	○	○	○
Gesundheitsmanagement	○	○	○	○	○
Arbeits- und Unternehmenskultur	○	○	○	○	○
Vergütungssysteme	○	○	○	○	○
Arbeitgebermarke/Employer Branding	○	○	○	○	○
Coaching von Führungskräften	○	○	○	○	○
Mitarbeiterbindung	○	○	○	○	○
Mentoring-Programme	○	○	○	○	○

< Zurück zu Seite 2   Weiter zur Seite 4 >

Die Umfrage wurde erstellt mit Hilfe von Q-Set.de.

Veranstalter der Umfrage: Frau Heike Wolff, E-Mail: heikewolff(at)ymail.com

Befragung von Energieversorgungsunternehmen zu Gender Diversity

Seite 4 von 6 | Fragebogen speichern

C. Angaben zur Frauenförderung

Instrumente zur Frauenförderung

14 Welche der nachstehenden Instrumente zur Förderung verstärkter Beschäftigung von Frauen nutzen Sie in Ihrem Unternehmen?

Themenfeld Recruiting

	wird eingesetzt	Einsatz geplant	nicht genutzt
Employer Branding, das sich speziell an Frauen richtet	○	○	○
Hinweis in Stellenausschreibungen, dass Bewerbungen von Frauen ausdrücklich erwünscht sind	○	○	○
bevorzugte Einstellung von Frauen bei gleicher Eignung	○	○	○
standardisiertes geschlechtersensibles Bewerbungsverfahren beim Gespräch	○	○	○
Girl's Day	○	○	○
Zusammenarbeit mit Hochschulen	○	○	○
geschlechterunabhängige Bezahlung	○	○	○

Themenfeld Work-Life-Balance

	wird eingesetzt	Einsatz geplant	nicht genutzt
Gleitzeit	○	○	○
Jahresarbeitszeitkonten	○	○	○
Teilzeit	○	○	○
Telearbeit/Home Office	○	○	○
Wunschdienstpläne	○	○	○
betriebliche Gesundheitsförderung	○	○	○

Themenfeld Familienfreundlichkeit

	wird eingesetzt	Einsatz geplant	nicht genutzt
Wiedereingliederungsmaßnahmen nach der Elternzeit	○	○	○
Unterstützung bei der Suche nach Kindergartenplätzen	○	○	○
Betriebskindergarten	○	○	○
Notfall-Kinderbetreuung/Möglichkeit, das Kind im Notfall mit zur Arbeit bringen zu können	○	○	○
Kinderbetreuungszuschuss	○	○	○
Informationspakete, z.B. zur Pflege von Angehörigen	○	○	○

Themenfeld Personalentwicklung

	wird eingesetzt	Einsatz geplant	nicht genutzt
frauenspezifische Weiterbildungsangebote	○	○	○
Führungskräfte-Trainings/-Coachings	○	○	○
Mentoring-Programm	○	○	○
Förderung der Teilnahme an firmenexternen Netzwerken	○	○	○
Kollegiales/firmeninternes Frauennetzwerk	○	○	○
Kooperationen, z.B. mit dem Karrierenetzwerk femtec oder mit Hochschulen	○	○	○
Teamentwicklungsmaßnahmen	○	○	○
Job Enrichment/Job Enlargement	○	○	○

Sonstiges, und zwar:

< Zurück zu Seite 3   Weiter zur Seite 5 >

Die Umfrage wurde erstellt mit Hilfe von Q-Set.de.

Veranstalter der Umfrage: Frau Heike Wolff, E-Mail: heikewolff(at)ymail.com

Befragung von Energieversorgungsunternehmen zu Gender Diversity

Seite 5 von 6 | Fragebogen speichern

D. Einschätzungen zum Fachkräftemangel und zur Personalpolitik in der Energiewende

15 Inwieweit stimmen Sie folgenden Aussagen zu?

	volle Zustimmung	überwiegende Zustimmung	überwiegend keine Zustimmung	keine Zustimmung	weiß nicht
Der Fachkräftemangel hat für unser Unternehmen Bedeutung.	○	○	○	○	○
Frauen stellen ein großes Potenzial dar, um den Herausforderungen des Energiemarktes gewachsen zu sein.	○	○	○	○	○
Auf dem Arbeitsmarkt stehend ausreichend qualifizierte Arbeitnehmer zur Verfügung.	○	○	○	○	○
Ältere Arbeitnehmer (> 50 Jahre) stellen eine Chance dar, dem Fachkräftemangel zu begegnen.	○	○	○	○	○
Zukünftig wird es schwieriger werden, qualifiziertes Personal zu finden.	○	○	○	○	○
Unser Unternehmen ist daran interessiert, Mitarbeiter langfristig an sich zu binden.	○	○	○	○	○

16 In welchem dieser Bereiche in Ihrem Unternehmen besteht Ihrer Meinung nach ein Fachkräftemangel?

	trifft voll zu	trifft überwiegend zu	trifft überwiegend nicht zu	trifft überhaupt nicht zu	weiß nicht
Vertrieb, Marketing, Energiebeschaffung	○	○	○	○	○
kaufmännischer Bereich incl. Personal, Rechtsabteilung, Sekretariat	○	○	○	○	○
Kundenservice, Verbrauchsabrechnung	○	○	○	○	○
technischer Bereich, Netzplanung/-steuerung, EDM, IT	○	○	○	○	○
handwerklicher Bereich, Wartung/Instandsetzung, Installation	○	○	○	○	○

17 Welche zentrale Kompetenz brauchen Frauen Ihrer Ansicht nach, um erfolgreich in der Energiewirtschaft tätig zu sein?

Bitte entscheiden Sie sich für eine Antwort.

- ○ theoretisches Fachwissen (z.B. aus Berufsausbildung oder Studium)
- ○ berufsspezifische Fertigkeiten
- ○ Branchenkenntnisse/branchenspezifisches Wissen
- ○ soziale und persönliche Kompetenzen
- ○ technisches Verständnis

18 Unter welchen Voraussetzungen würden Sie mehr Frauen einstellen?

(Mehrfachnennungen sind möglich)

- ☐ staatliche Förderprogramme
- ☐ bessere Qualifikation
- ☐ höhere Bildungsabschlüsse
- ☐ mehr Branchenerfahrung
- ☐ gesetzlich festgelegte Frauenquote
- ☐ anderes, und zwar
- ☐ grundsätzlich keine verstärkte Einstellung von Frauen

19 Sehen Sie vor dem Hintergrund der Energiewende die Notwendigkeit für neue Personalkonzepte?

- ○ ja
- ○ nein

Wenn ja:

Wollen Sie dabei Frauen explizit berücksichtigen?

- ○ ja
- ○ nein

Befragung von Energieversorgungsunternehmen zu Gender Diversity

Seite 6 von 6 | Fragebogen speichern

E. Angaben zum Absender

Diese Angaben sind freiwillig und dienen nur meiner Information. Die Auswertung der Befragung und die Veröffentlichung der Ergebnisse erfolgen anonym und zusammengefasst.

Name des Unternehmens

Ihr Name

Position

Möchten Sie nach erfolgter Bewertung als Dankeschön für die Teilnahme an der Befragung ein Exemplar meiner Master-Thesis als PDF erhalten?

- ja
- nein

E-Mail-Adresse für die Zusendung der Master-Thesis

Zur Gewährleistung des Datenschutzes wird Ihre E-Mail-Adresse nur im Zusammenhang mit der Versendung der Master-Thesis benutzt.

Raum für Ihre Anmerkungen

Haben Sie Anmerkungen zum Fragebogen? Möchten Sie mir etwas mitteilen? Ich bin für jede Anregung dankbar.

< Zurück zu Seite 5 Fragebogen jetzt absenden >

Eine Änderung der gemachten Angaben ist nach Absenden des Fragebogens nicht mehr möglich.

Die Umfrage wurde erstellt mit Hilfe von Q-Set.de.

Veranstalter der Umfrage: Frau Heike Wolff, E-Mail: heikewolff(at)ymail.com

Befragung von Energieversorgungsunternehmen zu Gender Diversity

Vielen Dank für Ihre Teilnahme.

Herzlichen Dank für Ihre Unterstützung!
Heike Wolff

Sie können den Internet-Browser jetzt schließen.

Die Umfrage wurde erstellt mit Hilfe von Q-Set.de.

Veranstalter der Umfrage: Frau Heike Wolff, E-Mail: heikewolff(at)ymail.com

Quelle: eigene Erstellung mit Hilfe von www.q-set.de

Anhang B: Struktur der befragten Unternehmen

Unternehmensgröße nach Anzahl der Kunden			gesamt	weniger als 20.000 Kunden	20.000 bis weniger als 50.000 Kunden	50.000 bis weniger als 100.000 Kunden	100.000 bis weniger als 200.000 Kunden	mehr als 200.000 Kunden
gesamt		Anzahl	29	11	8	5	1	4
		Prozent	100%	38%	28%	17%	3%	14%
öffentliche Hand	ja	Anzahl	18	5	6	3	1	3
		Prozent	62%	28%	33%	17%	6%	17%
	nein	Anzahl	11	6	2	2	0	1
		Prozent	38%	55%	18%	18%	0%	9%

Unternehmensgröße nach Anzahl Beschäftigter			gesamt	**kleine EVU**	**mittlere EVU**		**große EVU**	
				weniger als 100 Beschäftigte	100 bis weniger als 250 Beschäftigte	250 bis weniger als 500 Beschäftigte	500 bis weniger als 1000 Beschäftigte	mehr als 1000 Beschäftigte
gesamt		Anzahl	29	13	9	2	2	3
		Prozent	100%	45%	31%	7%	7%	10%
öffentliche Hand	ja	Anzahl	18	6	7	1	2	2
		Prozent	62%	33%	39%	6%	11%	11%
	nein	Anzahl	11	7	2	1	0	1
		Prozent	38%	64%	18%	9%	0%	9%

Quelle: Eigene Erstellung

Anhang C: Anteil weiblicher Beschäftigter in den befragten Unternehmen

Anteil Frauen am Gesamtunternehmen			gesamt	< 10 %	10 % < 20 %	20 % < 30 %	30 % < 40 %	40 % < 50 %	ab 50 %	arithm. Mittel in %	Median in %
gesamt		Anzahl	28	0	1	10	6	8	3	37,9	35,0
		Prozent	100%	0%	4%	36%	21%	29%	11%		
öffentliche Hand	ja	Anzahl	18	0	0	8	5	3	2	36,7	32,0
		Prozent	100%	0%	0%	44%	28%	17%	11%		
	nein	Anzahl	10	0	1	2	1	5	1	40	42,0
		Prozent	100%	0%	10%	20%	10%	50%	10%		
Unternehmensgröße	kleine EVU	Anzahl	12	0	1	1	3	4	3	45,8	42,5
		Prozent	100%	0%	8%	8%	25%	33%	25%		
	mittlere EVU	Anzahl	11	0	0	6	2	3	0	32,3	29,2
		Prozent	100%	0%	0%	55%	18%	27%	0%		
	große EVU	Anzahl	5	0	0	3	1	1	0	31,0	28,3
		Prozent	100%	0%	0%	60%	20%	20%	0%		
mit Gleichstellungspolitik		Anzahl	14	0	0	6	3	5	0	34,3	33,3
		Prozent	100%	0%	0%	43%	21%	36%	0%		
mit fixierter Gleichstellungspolitik		Anzahl	7	0	0	2	2	3	0	36,4	37,5
		Prozent	100%	0%	0%	29%	29%	43%	0%		
geografische Lage	neue Bundesländer	Anzahl	8	0	0	1	1	5	1	45,0	44,0
		Prozent	100%	0%	0%	13%	13%	63%	13%		
	alte Bundesländer	Anzahl	20	0	1	9	5	3	2	35,0	30,0
		Prozent	100%	0%	5%	45%	25%	15%	10%		

Quelle: Eigene Erstellung

Anhang D: Frauenquoten in den einzelnen Tätigkeitsbereichen der EVU

		gesamt	< 10 %	10 % < 20 %	20 % < 30 %	30 % < 40 %	40 % < 50 %	50 % < 60%	60 % < 70 %	70 % < 80 %	80 % < 90 %	ab 90 %	keine Angabe	arithm. Mittel in %	Median in %
Vertrieb, Marketing, Energiebeschaffung	Anzahl	29	5	2	3	4	3	4	0	2	1	3	2	42	38,8
	Prozent	100%	17%	7%	10%	14%	10%	14%	0%	7%	3%	10%	7%		
Kaufmännischer Bereich incl. Personal, Rechtsabteilung, Sekretariat	Anzahl	29	0	0	3	5	2	4	3	4	2	4	2	59,4	58,8
	Prozent	100%	0%	0%	10%	17%	7%	14%	10%	14%	7%	14%	7%		
Kundenservice/Verbrauchsabrechnung	Anzahl	29	0	0	3	0	5	5	2	4	3	5	2	64,3	62,5
	Prozent	100%	0%	0%	10%	0%	17%	17%	7%	14%	10%	17%	7%		
Technischer Bereich, Netzplanung/-steuerung, EDM, IT	Anzahl	29	17	6	2	0	0	1	0	0	0	0	3	10,8	7,6
	Prozent	100%	59%	21%	7%	0%	0%	3%	0%	0%	0%	0%	10%		
handwerklicher Bereich, Wartung/Instandsetzung, Installation	Anzahl	29	22	2	0	0	0	0	0	0	0	0	5	5,8	5,5
	Prozent	100%	76%	7%	0%	0%	0%	0%	0%	0%	0%	0%	17%		

Quelle: Eigene Erstellung

Anhang E: Anteil weiblicher Führungskräfte in den befragten Unternehmen

Anteil weiblicher Führungskräfte			gesamt	< 10 %	10 % < 20 %	20 % < 30 %	30 % < 40 %	40 % < 50 %	ab 50 %	arithm. Mittel in %	Median in %
gesamt		Anzahl	28	14	4	5	0	4	1	18,2	10,0
		Prozent	100%	50%	14%	18%	0%	14%	4%		
öffentliche Hand	ja	Anzahl	17	8	3	3	0	2	1	19,1	11,7
		Prozent	100%	47%	18%	18%	0%	12%	6%		
	nein	Anzahl	11	6	1	2	0	2	0	16,8	9,2
		Prozent	100%	55%	9%	18%	0%	18%	0%		
Unternehmensgröße	kleine EVU	Anzahl	13	7	1	1	0	3	1	21,9	9,3
		Prozent	100%	54%	8%	8%	0%	23%	8%		
	mittlere EVU	Anzahl	11	6	1	3	0	1	0	15,0	9,2
		Prozent	100%	55%	9%	27%	0%	9%	0%		
	große EVU	Anzahl	4	1	2	1	0	0	0	15,0	15,0
		Prozent	100%	25%	50%	25%	0%	0%	0%		
geografische Lage	neue Bundesländer	Anzahl	8	2	1	1	0	3	1	32,5	30,0
		Prozent	100%	25%	13%	13%	0%	38%	13%		
	alte Bundesländer	Anzahl	20	12	3	4	0	1	0	12,5	8,3
		Prozent	100%	60%	15%	20%	0%	5%	0%		

Quelle: Eigene Erstellung

Anhang F: Ursachen für die mangelnde Beschäftigung von Frauen in der Energiewirtschaft

		gesamt	trifft voll zu	trifft überwiegend zu	trifft überwiegend nicht zu	trifft überhaupt nicht zu	weiß nicht
Frauen fehlt eine techn. Ausbildung/ein Ingenieursstudium	Anzahl	28	7	17	1	2	1
	Prozent		25%	61%	4%	7%	4%
Männer stellen Männer ein	Anzahl	29	1	4	9	13	2
	Prozent		3%	14%	31%	45%	7%
Frauen sind nicht ausreichend qualifiziert	Anzahl	28	0	7	10	9	2
	Prozent		0%	25%	36%	32%	7%
mangelnde Aufstiegschancen	Anzahl	29	0	4	10	14	1
	Prozent		0%	14%	34%	48%	3%
Branche hat kein familienfreundliches Image	Anzahl	29	1	5	9	10	4
	Prozent		3%	17%	31%	34%	14%
Strom, Gas und Technik sind Männersache	Anzahl	29	1	11	9	5	3
	Prozent		3%	38%	31%	17%	10%
Branche übernimmt nicht genug Verantwortung für Gesellschaft und Umwelt	Anzahl	29	0	4	6	16	3
	Prozent		0%	14%	21%	55%	10%

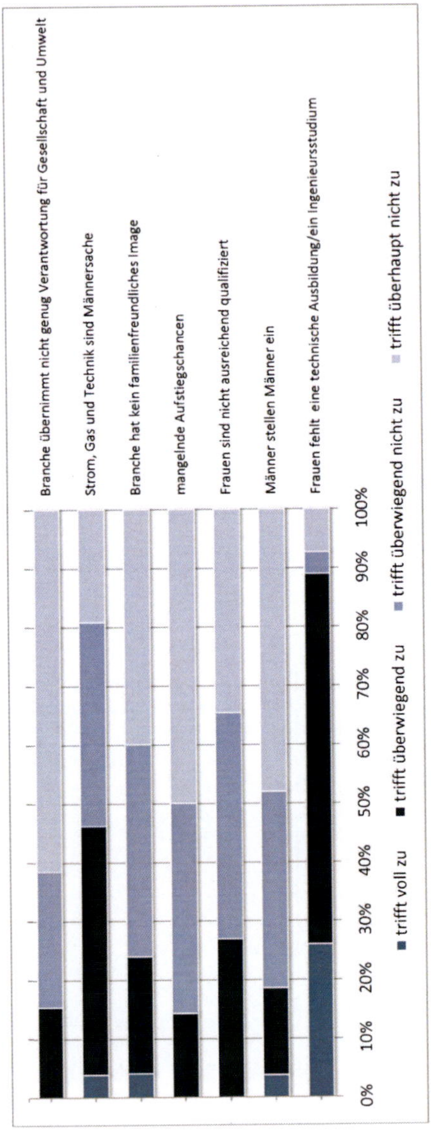

Quelle: Eigene Erstellung

Anhang G: Allgemeine Angaben zur Frauenförderung

		Anzahl			Anteil		
		ja	nein	gesamt	ja	nein	gesamt
Wird Gleichstellungspolitik betrieben?							
gesamt		15	14	29	52%	48%	100%
öffentliche Hand	ja	9	9	18	50%	50%	100%
	nein	6	5	11	55%	45%	100%
geografische Lage	neue Bundesländer	4	4	8	50%	50%	100%
	alte Bundesländer	11	10	21	52%	48%	100%
Unternehmensgröße	kleine EVU	3	10	13	23%	77%	100%
	mittlere EVU	7	4	11	64%	36%	100%
	große EVU	5	0	5	100%	0%	100%
wenn ja: Ist sie schriftlich festgehalten?							
gesamt		7	8	15	47%	53%	100%
Wird sie aktiv gelebt?							
gesamt		12	2	14	86%	14%	100%

Gibt es eine Gleichstellungsbeauftragte?		Anzahl			Anteil		
		ja	nein	gesamt	ja	nein	gesamt
gesamt		3	26	29	10%	90%	100%
öffentliche Hand	ja	1	17	18	6%	94%	100%
	nein	2	9	11	18%	82%	100%
Unternehmensgröße	kleine EVU	1	12	13	8%	92%	100%
	mittlere EVU	2	9	11	18%	82%	100%
	große EVU	0	5	5	0%	100%	100%

Werden geschlechtsspezifische Kennzahlen erfasst?		gesamt	öffentliche Hand		Unternehmensgröße		
			ja	nein	kleine EVU	mittlere EVU	große EVU
Anzahl	Abteilung	0	0	0	0	0	0
	Unternehmen	12	7	5	3	4	5
	keine	17	11	6	10	7	0
	gesamt	29	18	11	13	11	5
Anteil	Abteilung	0%	0%	0%	0%	0%	0%
	Unternehmen	41%	39%	45%	23%	36%	100%
	keine	59%	61%	55%	77%	64%	0%
	gesamt	100%	100%	100%	100%	100%	100%

Quelle: Eigene Erstellung

Anhang H: Die explizite Berücksichtigung von Frauen bei Personalthemen

		gesamt	sehr wichtig	wichtig	weniger wichtig	un-wichtig	keine Angabe
Personalentwicklung	Anzahl	29	5	16	3	3	2
	Anteil		17%	55%	10%	10%	7%
Aus- und Weiterbildung	Anzahl	29	7	14	2	4	2
	Anteil		24%	48%	7%	14%	7%
Personalmarketing und Recruiting	Anzahl	29	4	12	7	4	2
	Anteil		14%	41%	24%	14%	7%
Gesundheitsmanagement	Anzahl	29	3	12	7	4	3
	Anteil		10%	41%	24%	14%	10%
Arbeits- und Unternehmenskultur	Anzahl	29	2	16	6	2	3
	Anteil		7%	55%	21%	7%	10%
Vergütungssysteme	Anzahl	28	3	16	2	4	3
	Anteil		11%	57%	7%	14%	11%
Arbeitgebermarke/Employer Branding	Anzahl	29	3	13	3	4	6
	Anteil		10%	45%	10%	14%	21%
Coaching von Führungskräften	Anzahl	28	3	15	3	3	4
	Anteil		11%	54%	11%	11%	14%
Mitarbeiterbindung	Anzahl	29	4	17	3	3	2
	Anteil		14%	59%	10%	10%	7%
Mentoring-Programme	Anzahl	29	1	11	8	4	5
	Anteil		3%	38%	28%	14%	17%

Quelle: Eigene Erstellung

Anhang I: Der Einsatz von Frauenförderungsinstrumenten

		Anzahl				Anteil				mit Gleichstellungspolitik			
		Einsatz erfolgt	Einsatz geplant	nicht genutzt	Summe	Einsatz erfolgt	Einsatz geplant	nicht genutzt	Summe	Einsatz erfolgt		Einsatz geplant	
										Anzahl	Anteil	Anzahl	Anteil
Rekrutierung	Employer Branding	2	1	26	29	7%	3%	90%	100%	2	100%	1	100%
	Hinweis Stellenausschreibung	5	1	23	29	17%	3%	79%	100%	1	20%	1	100%
	bevorzugte Einstellung	6	1	22	29	21%	3%	76%	100%	2	33%	1	100%
	Gespräch	5	0	24	29	17%	0%	83%	100%	2	40%	0	
	Girls Day	19	0	10	29	66%	0%	34%	100%	13	68%	0	
	Zus.arb. mit Hochschulen	10	2	17	29	34%	7%	59%	100%	5	50%	2	100%
	gleiche Bezahlung	25	1	3	29	86%	3%	10%	100%	12	48%	1	100%
Work-Life-Balance	Gleitzeit	28	0	1	29	97%	0%	3%	100%	14	50%	0	
	Jahresarbeitszeitkonten	11	1	17	29	38%	3%	59%	100%	6	55%	1	100%
	Teilzeit	29	0	0	29	100%	0%	0%	100%	15	52%	0	
	Telearbeit	10	4	15	29	34%	14%	52%	100%	9	90%	2	50%
	Wunschdienstpläne	9	1	18	28	32%	4%	64%	100%	4	44%	1	100%
	betriebliche Gesundheitsförderung	17	7	5	29	59%	24%	17%	100%	10	59%	4	57%
Familienfreund-lichkeit	Wiedereingliederung Elternzeit	21	2	6	29	72%	7%	21%	100%	11	52%	1	50%
	Suche Kiga-platz	9	3	17	29	31%	10%	59%	100%	2	22%	2	67%
	Betriebs Kiga	2	1	26	29	7%	3%	90%	100%	2	100%	0	0%
	Notfall-Kinderbetreuung	12	2	15	29	41%	7%	52%	100%	7	58%	1	50%
	Kinderbetreuungszuschuss	4	2	23	29	14%	7%	79%	100%	1	25%	1	50%
	Informationspakete	8	2	19	29	28%	7%	66%	100%	7	88%	1	50%
Personalentwicklung	Weiterbildung für Frauen	1	0	28	29	3%	0%	97%	100%	1	100%	0	
	Führungskräfte-Training/Coaching	19	0	10	29	66%	0%	34%	100%	13	68%	0	
	Mentoring	6	2	20	28	21%	7%	71%	100%	6	100%	2	100%
	externe Netzwerke	13	1	15	29	45%	3%	52%	100%	9	69%	1	100%
	interne Frauennetzwerke	3	0	25	28	11%	0%	89%	100%	2	67%	0	
	Kooperationen mit Hochschulen	3	1	24	28	11%	4%	86%	100%	2	67%	1	100%
	Teamentwicklungsmaßnahmen	13	1	13	27	48%	4%	48%	100%	7	54%	1	100%
	Job Enrichment/Job Enlargement	5	3	20	28	18%	11%	71%	100%	4	80%	2	67%

Quelle: Eigene Erstellung

Anhang J: Zusammenhang von eingesetzten Frauenförderungsinstrumenten und Beschäftigungsquoten

		Anzahl Unternehmen nach				Anteil Unternehmen nach			
		Anzahl eingesetzter Instrumente insgesamt							
		bis 5	6 - 10	11 - 15	ab 16	bis 5	6 - 10	11 - 15	ab 16
gesamt		2	15	9	3	7%	52%	31%	10%
Unter-nehmensgröße	< 100 MA	2	9	2	0	15%	69%	15%	0%
	100 - 500 MA	0	5	5	1	0%	45%	45%	9%
	> 500 MA	0	1	2	2	0%	20%	40%	40%
Frauenquote bezogen auf Gesamtunternehmen	> 10 % < 20 %	0	1	0	0	0%	4%	0%	0%
	> 20 % < 30 %	0	5	3	2	0%	18%	11%	7%
	> 30 % < 40 %	0	2	4	0	0%	7%	14%	0%
	> 40 % < 50 %	1	4	2	1	4%	14%	7%	4%
	> 50 %	1	2	0	0	4%	7%	0%	0%
		Anzahl eingesetzter Instrumente zur Work-Life-Balance/Familienfreundlichkeit							
		1 - 4	5 - 8	8 - 12		1 - 4	5 - 8	8 - 12	
Frauenquote bezogen auf Gesamtunternehmen	> 10 % < 20 %	1	0	0		4%	0%	0%	
	> 20 % < 30 %	4	4	2		14%	14%	7%	
	> 30 % < 40 %	1	5	0		4%	18%	0%	
	> 40 % < 50 %	1	7	0		4%	25%	0%	
	> 50 %	3	0	0		11%	0%	0%	
		Anzahl eingesetzter Instrumente zur Personalentwicklung							
		0	1 - 3	4 - 6	7 - 9	0	1 - 3	4 - 6	7 - 9
Frauenquote bezogen auf Führungskräfte	< 10 %	2	10	2	0	7%	36%	7%	0%
	> 10 % < 20 %	0	4	0	0	0%	14%	0%	0%
	> 20 % < 30 %	1	2	2	0	4%	7%	7%	0%
	> 30 % < 40 %	0	0	0	0	0%	0%	0%	0%
	> 40 % < 50 %	1	2	1	0	4%	7%	4%	0%
	> 50 %	0	1	0	0	0%	4%	0%	0%

Anteile bezogen auf Gesamtteilnehmerzahl,
bei der Auswertung nach Unternehmensgröße sind die Anteile Größenklasse ermittelt

Quelle: Eigene Erstellung

Anhang K: Einschätzungen zum Fachkräftemangel

Bewertung von Aussagen zum Fachkräftemangel	Anzahl						Anteil				
	volle Zustimmung	über-wiegende Zustimmung	über-wiegend keine Zu-stimmung	keine Zustimmung	weiß nicht	gesamt	volle Zustimmung	über-wiegende Zustimmung	über-wiegend keine Zu-stimmung	keine Zustimmung	gesamt
Der Fachkräftemangel hat für unser Unternehmen Bedeutung	12	13	4	0	0	29	41%	45%	14%	0%	100%
Frauen stellen ein großes Potenzial dar, um den Herausforderungen des Energiemarktes gewachsen zu sein	9	17	2	1	0	29	31%	59%	7%	3%	100%
Auf dem Arbeitsmarkt stehen ausreichend qualifizierte Arbeitnehmer zu Verfügung.	0	3	18	7	1	29	0%	11%	64%	25%	100%
Ältere Arbeitnehmer stellen eine Chance dar, dem Fachkräftemangel zu begegnen.	5	22	0	0	2	29	19%	81%	0%	0%	100%
Zukünftig wird es schwieriger weden, qualifiziertes Personal zu finden	17	11	1	0	0	29	59%	38%	3%	0%	100%
Unser Unternehmen ist daran interessiert, Mitarbeiter langfristig an sich zu binden.	23	6	0	0	0	29	79%	21%	0%	0%	100%

In welchem der nachstehenden Bereiche besteht ein Fachkräftemangel?	Anzahl						Anteil				
	trifft voll zu	trifft überwiegend zu	trifft überwiegend nicht zu	trifft überhaupt nicht zu	weiß nicht	gesamt	trifft voll zu	trifft überwiegend zu	trifft überwiegend nicht zu	trifft überhaupt nicht zu	gesamt
Energiehandel	7	9	7	6	0	29	24%	31%	24%	21%	100%
Kaufmännischer Bereich	1	0	20	8	0	29	3%	0%	69%	28%	100%
Kundenservice/Verbrauchsabrechnung	1	3	19	6	0	29	3%	10%	66%	21%	100%
Technischer Bereich	6	14	7	1	1	29	21%	50%	25%	4%	100%
Handwerklicher Bereich	4	7	11	4	2	28	15%	27%	42%	15%	100%

Quelle: Eigene Erstellung

Anhang L: Personalkonzepte zur Energiewende

Sehen Sie vor dem Hintergrund der Energiewende die Notwendigkeit für neue Personalkonzepte?							
		Anzahl			**Anteil**		
		ja	nein	gesamt	ja	nein	gesamt
gesamt		12	17	29	41%	59%	100%
	kleine EVU	3	10	13	23%	77%	100%
nach Unternehmensgröße	mittlere EVU	6	5	11	55%	45%	100%
	große EVU	3	2	5	60%	40%	100%
wenn ja: **Wollen Sie dabei Frauen speziell berücksichtigen?**							
		ja	nein	gesamt	ja	nein	gesamt
gesamt		6	6	12	50%	50%	100%

Quelle: Eigene Erstellung

Anhang M: Einschätzungen zur Energiewende

Mit welchen Mitteln wollen Sie die Energiewende meistern?

	Anzahl	Anteil	Anzahl			Anteil		
			kleine EVU	mittlere EVU	große EVU	kleine EVU	mittlere EVU	große EVU
Firmenzukäufe	1	4%	0	0	1	0%	0%	20%
Outsourcing	1	4%	0	0	1	0%	0%	20%
Einstellung von Experten/Fachkräften	10	36%	4	4	2	31%	36%	40%
Einkauf von externen Fachwissen	13	46%	8	4	1	62%	36%	20%
Ausbildung eigener Fachkräfte	24	86%	11	8	5	85%	73%	100%
verstärkte Weiterbildung des vorhandenen Personals	26	93%	11	10	5	85%	91%	100%

Entwicklung des Personalbestandes im Hinblick auf die Energiewende

	Anzahl	Anteil	Anzahl			Anteil		
			kleine EVU	mittlere EVU	große EVU	kleine EVU	mittlere EVU	große EVU
mehr Personal	10	34%	6	2	2	46%	18%	40%
gleich viel Personal	15	52%	6	8	1	46%	73%	20%
weniger Personal	3	10%	0	1	2	0%	9%	40%
weiß nicht	1	3%	1	0	0	8%	0%	0%
Summe	29	100%	13	11	5	100%	100%	100%

Besondere Chancen für Frauen

	Anzahl					Anteil			
	sehr gut	gut	wenig	keine	Summe	sehr gut	gut	wenig	keine
Erneuerbare Energien	9	18	1	0	28	32%	64%	4%	0%
Dienstleistungen zur Energieeffizienz	12	14	1	1	28	43%	50%	4%	4%
Smart Grid - Intelligente Netze	3	13	11	1	28	11%	46%	39%	4%
Elektromobilität	5	16	4	2	27	19%	59%	15%	7%

Quelle: Eigene Erstellung